MEURTRE À L'HÔTEL BELLEGARDE

© 2021, Elisa Bligny-Guicheteau,
www.elisa-autrice.com
ISBN 978-2-3223815-4-8

Elisa G. Bligny

MEURTRE À L'HÔTEL BELLEGARDE

Comédie policière en trois actes

Décor

Salon d'un hôtel dans les années 1925. Côté cour, un bar. Au centre, légèrement en arrière-scène côté jardin, deux fauteuils avec table basse. Avant-scène, côté jardin, une table ronde et deux chaises.

Synopsis

Paul et Madeleine Boucicaut ont hérité d'un hôtel vétuste qu'ils ont du mal à entretenir. Pour attirer une nouvelle clientèle, Madeleine décide de proposer des cours de danse de salon. Un premier cours privé est organisé, réunissant Madeleine, Paul, Mathilde, leur fille, une vieille tante acariâtre, un représentant de commerce, une riche amie américaine et même un curé, sous la direction de Léon Tellier, un danseur professionnel aux manières pour le moins étranges…

Les personnages

Paul - Marié à Madeleine, il a hérité l'hôtel de sa tante. Peu enclin à l'action, il aime la poésie et ne rien faire.

Madeleine - Épouse de Paul, femme énergique, volontaire et cultivée.

Zélie de Saint-Hilaire - Veuve et tante de Madeleine. Classique dans son éducation, parler franc et autoritaire.

Mathilde - Fille de Paul et Madeleine. Elle ressemble à sa mère, très libre et enjouée.

Victor - Majordome, snob et hautain.

Suzanne - Femme de chambre, cuisinière… *(Elle porte des lunettes et une perruque)*.

Maddie Fisher - Amie d'enfance de Madeleine, veuve d'un riche Américain.

Léon/Lucien - Escroc en cavale qui se fait passer pour un professeur de danse.

Commissaire Langlois - Distingué, imbu de sa personne, maniéré dans sa manière de s'exprimer *(même comédien que Léon)*.

Le père Étienne - Curé, habitué de l'hôtel.

Monsieur Armand - Client de l'hôtel, ancien malfrat repenti.

Melle Mathieu - Vice-présidente de la ligue anti-alcool *(même comédienne que Mathilde)*.

Solange - Petite amie de Léon alias Lucien *(même comédienne que Suzanne)*.

AVIS IMPORTANT

Cette pièce fait partie du répertoire de la Société des auteurs et compositeurs dramatiques (sacd.fr). Elle ne peut être jouée sans autorisation.

Acte I

Scène 1. Madeleine, Paul

Paul est assis, il lit tout en écoutant la radio. Madeleine entre en scène. Elle porte un manteau léger et un chapeau.

MADELEINE.– Et voilà, tu n'as pas bougé. Je l'aurai parié. Je te retrouve au même endroit que ce matin, dans la même position, assis…

PAUL.– Oui, c'est encore la meilleure position pour lire. Ou alors allongé.

MADELEINE.– Allongé, tu te serais endormi.

PAUL.– Il est vrai que je n'aurais rien contre l'idée d'une petite sieste, avec cette chaleur. *(Il sort un mouchoir pour s'essuyer)*

MADELEINE.– Comme si la chaleur y était pour quelque chose.

PAUL.– Comment ça ? Il fait au moins… 30 °C. C'est bien simple, si je me lève, je fonds.

MADELEINE.– Pour que tu fondes, il faudrait que tu commences par bouger.

PAUL.– Assez, tu m'ennuies. Et puis baisse le son de la radio, je n'entends plus rien depuis que tu es rentrée, mises à part tes remarques désagréables.

MADELEINE (*en éteignant la radio*).– Si tu faisais un peu d'efforts, je n'aurais pas à être désagréable comme tu dis.

PAUL.– Des efforts… Tu ne trouves pas que j'en fais assez. À commencer par supporter ta mauvaise humeur. Tiens, c'est bien simple, je suis épuisé par les efforts.

MADELEINE.– Tu exagères, Paul. Pendant que tu te prélasses, je me démène afin de trouver des solutions pour entretenir cet hôtel. Hôtel dont, je te rappelle, « tu » as hérité de « ta » tante ; hôtel qui, je précise, tombe en ruine…

PAUL.– Oui, eh bien, je n'avais rien demandé. Je la connaissais à peine cette tante, d'ailleurs. La famille, moi *(geste donnant l'air qu'il s'en moque)*. Non, mais tu imagines tout le travail pour rendre cet endroit ne serait-ce qu'habitable.

MADELEINE.– Ah ! Voilà le mot lâché. Travail !

PAUL.– Quoi ? Travail !

MADELEINE.– Oui ! Travail.

PAUL.– Eh bien, quoi ? Travail!

MADELEINE.– On ne peut pas dire que ça te travaille…

PAUL.– Quoi ?

MADELEINE.– Le fait de travailler.

PAUL.– Ah ! Ah ! Très drôle, très spirituel. Et puis là n'est pas la question.

MADELEINE.– D'accord. *Elle marque une pause.*

PAUL.– D'accord, quoi ?

MADELEINE.– Quelle est la question, alors ?

PAUL.– Quelle question ?

MADELEINE.– C'est bien ce que je te demande.

PAUL.– Tu m'embrouilles à la fin. La question ou plutôt le problème est que nous avons hérité – je dis « nous », car nous sommes mariés – d'un vieil hôtel délabré et que c'est un cadeau empoisonné. *(En aparté)* Elle ne devait pas beaucoup m'aimer cette tante !

MADELEINE.– C'est bien pour cela que l'on doit se procurer de l'argent.

PAUL.– Plus facile à dire qu'à gagner.

MADELEINE.– C'est sûr que ce n'est pas en restant assis toute la journée, à lire de la poésie…

PAUL.– Ah ! nous y voilà, les reproches. Que veux-tu, je n'ai pas hérité d'une fortune et… je ne suis pas fait pour travailler. Aucun homme de ma famille ne l'a jamais été. Je ne vais pas rompre avec une tradition ancestrale.

MADELEINE.– C'est bizarre comme tu as le sens de la famille quand cela t'arrange.

PAUL.– Parfaitement, je suis dépositaire d'un héritage moral à défaut de financier. Ce n'est tout de même pas de ma faute si mon père ne m'a rien légué. Il a dilapidé les rentes familiales et est mort… égoïstement... Sans rien me laisser.

MADELEINE.– Les rentes, c'était bon au siècle dernier. Nous sommes en 1925 et les temps changent. Il faut s'adapter.

PAUL.– C'est bien ma veine. Parmi toutes les filles que j'ai rencontrées, j'ai épousé la seule qui veut que les choses changent. Qui souhaite que l'on s'adapte.

MADELEINE.– Et moi, j'ai épousé le seul qui veut que rien ne bouge. À commencer par lui ! Bon, pendant que « l'héritier » lisait, j'ai eu quelques idées pour l'hôtel.

PAUL.– De nouveaux clients ? Encore ! On a déjà ta tante, monsieur Armand et puis ton amie américaine qui va arriver.

MADELEINE.– Qui te parle de clients ? De toute façon, ce n'est pas avec monsieur Armand ou tante Zélie, ni même avec Maddie que…

PAUL *(la coupant)*.– Elle est pourtant riche.

MADELEINE.– Maddie ?

PAUL.– Non, ta tante.

MADELEINE.– Et alors ?... Je te vois venir. Non, non, je ne veux rien devoir à personne.

PAUL.– Il ne s'agit pas de ça. Juste un petit emprunt…

MADELEINE.– Je vois très bien où tu veux en venir, et cela ne me plaît pas.

PAUL.– De toute façon tu finiras par hériter d'elle, elle n'a pas d'autre famille. Du coup, une petite avance…

MADELEINE.– Hors de question.

PAUL.– Mais laisse-moi terminer.

MADELEINE.– C'est terminé et c'est non.

PAUL.– Pourtant, tout cela me semble parfaitement complémentaire. J'hérite d'un hôtel et toi de l'argent pour le rénover.

MADELEINE.– Non.

PAUL *(boudeur)*.– Très bien. Alors ?

MADELEINE.– Alors ?

PAUL.– Que fait-on, en attendant ?

MADELEINE.– En attendant quoi ?

PAUL *(en exagérant)*.– Le triste jour et où ta tante nous quittera, nous plongeant dans une très grande affliction.

MADELEINE.– Paul !

PAUL *(avec un grand sourire)*.– Oui, Madeleine.

MADELEINE.– Non, rien. (*Elle soupire*) Donc en attendant ce jour que l'on espère tous lointain

(Paul acquiesce de la tête en pensant le contraire), il nous faut trouver des idées.

PAUL.– Des idées ? Comme…

MADELEINE.– Des concerts, des soirées privées.

PAUL.– Des lectures de poésies…

MADELEINE.– Des lectures, oui, pourquoi pas ?

PAUL.– C'était une blague, Madeleine.

MADELEINE.– Je me disais aussi.

PAUL.– Tout cela ne s'improvise pas et demande beaucoup d'organisation, de travail.

MADELEINE.– Ah ! Voilà encore le mot lâché.

PAUL.– Pas de mauvais esprit. Je te rappelle juste que nous n'avons pas les moyens d'entretenir du personnel.

MADELEINE.– Il y a Suzanne…

PAUL.– Elle fait déjà office de femme de chambre, de cuisinière, de serveuse…

MADELEINE.– Il y a Victor…

PAUL *(insistant sur le mot)*.– Le « majordome » ? Non, mais tu l'imagines, lui.

MADELEINE.– C'est juste inimaginable, je te l'accorde. Mais il y a nous… Toi, moi, notre fille.

PAUL.– Enfin Mathilde et toi, parce que moi…

MADELEINE.– Oui, je sais toi tu es juste bon à recevoir les héritages, pour le reste…

Scène 2. Madeleine, Paul et Mathilde

Mathilde entre en scène.

MATHILDE *(embrassant ses parents).–* Maman, papa. Encore en train de vous disputer ? (*Elle allume la radio et bouge en rythme.*) Un peu de musique adoucit les mœurs.

PAUL.– On ne se dispute pas, ta mère et moi. Nous avons une discussion entre adultes. Et éteins cette radio !

MATHILDE.– Depuis des semaines, vous vous disputez à cause de cet hôtel. Ça devient vraiment pénible. Vous savez quoi, vous devriez… penser à autre chose. Organiser une grande fête.

MADELEINE.– Mais non, chérie, on ne se dispute pas.

PAUL.– Faire la fête *(en haussant les épaules)*, tu ne penses qu'à faire la fête.

MATHILDE.– Et toi tu ne penses qu'à tes livres.

MADELEINE.– Elle n'a pas tort.

PAUL.– Super, liguez-vous contre moi. Allez-y !

MATHILDE.– C'est bon papa. Si vous voulez mon avis, puisqu'il faut être « sérieux », vous devriez vous débarrasser de ce nid à poussière. Ou alors, le transformer en « maison de rendez-vous ».

PAUL.– Mathilde. Et comment connais-tu ça, toi ?

MATHILDE.– Ça va, je n'ai plus 10 ans.

PAUL.– Non, mais à peine 20 ans. Tu entends Madeleine ?

MADELEINE.– J'entends et je n'approuve pas. Mathilde, ces mœurs sont d'une autre époque. Ces « maisons » sont des lieux dégradants où la femme est honteusement exploitée, tu comprends ?

PAUL.– Mathilde, pitié, fais attention à ce que tu dis en présence de ta mère. La voilà repartie avec ses grandes tirades, ses grandes causes à défendre.

MATHILDE.– Arrêtez, tous les deux. Vous allez nous gâcher cette belle journée ensoleillée. *(Elle embrasse sa mère.)* Désolée maman. Et puis tu as tout à fait raison, ces maisons devraient être... closes.

PAUL.– Voilà qu'elle s'y met elle aussi. *(En aparté)* Mais qu'est-ce que j'ai fait pour mériter ça ? *(À Madeleine)* Bon, vu qu'on ne va pas ouvrir de maison de rendez-vous ici… *(Devant le regard fâché de sa femme.)* Je suppose que tu as un plan pour sauver ce qu'on peut de ce nid à poussière ?

MADELEINE.–Eh bien, d'abord, pour attirer une nouvelle clientèle plus jeune, je voudrais proposer des cours de danse.

PAUL.– Des cours de danse, ici ?

MADELEINE.– Pourquoi pas ?

PAUL.– Mais parce que, parce que… ça ne se décide pas sur un coup de tête. *(En aparté)* Elle est complètement folle ! *(Tout haut)* Avant de donner des cours, il faut savoir danser.

MATHILDE.– Il a raison maman.

MADELEINE *(haussant les épaules)*.– Bien sûr. Ça lui arrive, heureusement.

PAUL *(en aparté)*.– Trop aimable.

MATHILDE.– Maman !

MADELEINE.– Oui… C'est pour cela que j'ai décidé d'avoir recours à un danseur ou une danseuse professionnelle.

PAUL.– Mais bien sûr… Et où vas-tu le trouver ce spécialiste du pas de deux ?

MADELEINE.– En passant une annonce dans le journal.

PAUL.– Dans le journal. De mieux en mieux. Et comment comptes-tu le payer ton danseur *(en insistant)* professionnel ?

MADELEINE.– Avec une partie de l'argent que rapporteront les cours qui, bien sûr, seront payants.

PAUL.– Parce que tu penses que des gens paieront pour apprendre à danser… ici.

MADELEINE.– Entre les cours de danse, quelques soirées à thème, les lectures de poésies, peut-être des récitals, on devrait pouvoir s'assurer une clientèle régulière.

MATHILDE.– On pourrait même proposer des cours sur plusieurs jours afin d'inciter ces mêmes clients à dormir à l'hôtel.

MADELEINE.– Mais c'est une excellente idée ma chérie. *(À l'attention de Paul.)* Au moins une qui cherche à m'aider.

MATHILDE.– On aura des clientes et des clients plus jeunes. Ça nous changera de nos vieilles...

PAUL.– Mathilde, un peu de respect. Et puis ce ne sont pas les jeunes qu'il séduira votre danseur, mais les « vieilles » comme tu le dis. Et l'hôtel se transformera en maison de rendez-vous pour femmes d'âge mûr en mal d'amour.

MADELEINE.– Alors là, c'est toi qui exagères.

MATHILDE.– On pourrait engager une danseuse…

PAUL.– Encore mieux, comme ça nous aurons aussi les messieurs d'un âge mûr ! Une maison pour les personnes âgées. C'est sûr que ça va insuffler du dynamisme et du renouveau à cet hôtel. Elles sont complètement folles !!! Et puis il ne nous restera plus qu'à attendre l'automne.

MADELEINE.– Pourquoi l'automne ?

PAUL.– Eh bien, vu que le toit est troué comme une passoire, on pourra aussi proposer des cours pour apprendre à nager.

MADELEINE.– Très drôle. De toute façon, j'ai déjà passé l'annonce.

PAUL.– Tu as fait quoi ?

MATHILDE.– Elle a déjà passé l'annonce.

MADELEINE.– Oui, et j'attends quelqu'un demain matin.

PAUL.– Qui ?... Quand ?

MATHILDE.– Elle attend quelqu'un demain matin.

MADELEINE.– Je vais aussi préparer des affiches pour distribuer en ville.

PAUL.– Tu vas… quoi ?

MATHILDE.– Elle va préparer des affiches…

PAUL *(énervé)*.– Suffit Mathilde, j'ai compris.

MADELEINE.– Paul, ce n'est pas la peine de t'en prendre à Mathilde. Elle, au moins, fait preuve de bonne volonté. Elle, au moins, se sent concernée.

PAUL.– Parce que moi, non ? Madeleine, je me sentirais concerné le jour où tu auras des projets réalisables et sensés. En attendant, je te laisse te débrouiller avec ton danseur pour vieilles filles en mal d'amour.

Scène 3. Madeleine, Mathilde et tante Zélie

Zélie de Saint-Hilaire entre en scène.

PAUL *(en sortant)*.– Voici votre première cliente.

ZÉLIE *(à Madeleine)*.– Que veut dire ton mari par « voici votre première cliente » ? Cela fait déjà deux mois que j'occupe une chambre ici.

MATHILDE.– Ce n'est rien, tante Zélie. Il est un peu perturbé. Maman a des projets pour l'hôtel, et papa n'est pas très enthousiaste.

ZÉLIE.– J'espère que, dans tes projets, entre la rénovation de ma chambre. Elle est loin d'être confortable. Depuis deux jours, le robinet « fuite ».

MADELEINE.– Il « fuite » ?

ZÉLIE.– Oui quand je l'ouvre, il fait « fuite ». Quand je le ferme, il fuite aussi. On plus exactement « fouiite ». Enfin c'est extrêmement désagréable. Heureusement que je ne suis pas une simple cliente, et que je ne me formalise pas trop.

MATHILDE *(en riant)*.– Un robinet « fouiteur ». Tante Zélie, vous êtes impayable.

ZÉLIE.– Jeune fille, surveille un peu ton langage *(la détaillant)* et ta tenue aussi. Un pantalon pour une jeune fille, ce n'est guère convenable.

MATHILDE.– Comme dirait maman, nous ne sommes plus au siècle dernier, et toutes les jeunes filles modernes s'habillent comme ça aujourd'hui.

MADELEINE *(en se moquant un peu)*.– Je vais demander à Paul de vérifier ce mystérieux robinet « fuiteur ».

ZÉLIE.– Ma fille, on ne rigole pas avec un robinet qui fuite. J'ai connu une personne qui a souffert d'insomnies à cause d'un robinet qui fermait mal dans son cabinet de toilette. Toutes les nuits, elle entendait « fouite », « fouite », sans savoir d'où cela provenait. Elle a consulté un médecin, pensant qu'elle avait affaire à un esprit.

MATHILDE *(en riant)*.– Un esprit « fuiteur ».

MADELEINE *(en riant aussi)*.– Et comment s'est terminée cette histoire mystérieuse ?

ZÉLIE.– Je l'ignore. Les problèmes des autres ne m'intéressent pas, mais je n'ai pas envie de devoir consulter un docteur.

MADELEINE.– Eh bien, nous ferons en sorte que cela n'arrive pas, quitte à solliciter les services d'un professionnel.

MATHILDE.– Parce que les robinets, papa…

MADELEINE.– Ton Père devra faire des efforts.

ZÉLIE *(à Madeleine)*.– Mon enfant, loin de moi l'intention d'être désagréable, mais tu sais que j'ai toujours pensé que ton mari était un bon à rien.

MATHILDE.– Tante Zélie !

MADELEINE – Heureusement que vous ne voulez pas être désagréable !

ZÉLIE.– Mathilde, pourquoi ne vas-tu pas dans ta chambre jouer à la poupée ?

MATHILDE.– C'est trop fort à la fin, tout le monde croit que j'ai encore 10 ans. *Elle sort fâchée.*

MADELEINE.– Vous savez, ma tante, cela fait longtemps que Mathilde ne joue plus à la poupée.

ZÉLIE.– Eh bien, on voit le résultat. Qu'est-ce que je disais ? Ah oui, ton mari… Comme tu l'as épousé, il faut que nous fassions avec.

MADELEINE.– Enfin, c'est surtout moi qui dois faire avec, ma tante. Mais là n'est pas la question, je suis très attachée à Paul et si vous pouviez être juste un peu plus compréhensive à son égard…

ZÉLIE.– Compréhensive ?... Passons sur le chapitre affection et tendresse, ça n'a jamais rendu une femme heureuse, crois-moi, et ça ne permet pas d'entretenir une maison. Je ne serais pas là aujourd'hui, à te proposer mon aide, si ton oncle n'avait pas su faire fructifier l'argent de la famille.

MADELEINE.– Mais, je n'ai pas sollicité votre aide.

ZÉLIE.– Et c'est tout à ton honneur, seulement j'ai promis à tes parents de veiller sur toi et je ne manquerais pas à ma parole.

MADELEINE.– Écoutez ma tante, j'ai des projets et des idées pour cet hôtel.

ZÉLIE.– Je ne te parle pas d'idées, mais d'argent.

MADELEINE.– Justement…

ZÉLIE.– Continuons cette conversation dans ma chambre, veux-tu. J'ai besoin de m'allonger un peu. J'ai passé une nuit horrible à cause de ce maudit robinet.

Elles sortent.

Scène 4. Suzanne et Victor

Suzanne entre en scène et commence à ranger. Puis arrive Victor. Il s'approche de Suzanne qui sursaute.

SUZANNE.– Ah, Victor, j'vous avais pas entendu.

VICTOR *(l'air sérieux).*– Je voulais m'assurer que vous fassiez convenablement votre ouvrage.

SUZANNE.– Ouais, ben c'est un coup à vous faire mourir de peur.

VICTOR.– Ne soyez pas sotte, Suzanne. Et je vous saurais gré de m'appeler monsieur Victor.

SUZANNE.– Et pourquoi donc, vous z'êtes pas le patron.

VICTOR.– Non, mais le majordome. Et, à ce titre, responsable du personnel. Enfin du seul membre du personnel *(dédaigneux)* la bonne à tout faire.

SUZANNE.– Oui et bien j'en fais certainement plus que vous. Avec vos grands airs, vous êtes rien d'autre qu'un domestique.

VICTOR.– Pardon ? Vous semblez oublier, ma chère, que j'ai servi dans les plus grandes maisons et que mon dernier maître, paix à son âme, le comte de Valembreuse…

SUZANNE *(en imitant Victor).*– Paix à son âme. *(Reprenant son ton habituel)* Non, mais arrêtez vot' cirque. On n'est pas chez les aristos ici.

VICTOR.– Pour mon plus grand malheur. Mon Dieu, quelle déchéance ! Pensez, devoir travailler dans un simple hôtel, moi.

SUZANNE.– Et alors, on n'est pas si mal ici. Madame et monsieur sont plutôt gentils.

VICTOR *(haussant les épaules).–* Plutôt gentils. Ma pauvre fille, mais d'où sortez-vous ?

SUZANNE.– De chez mes parents. J'ai pt'être pas servi chez un comte ou un duc, mais je sais travailler et c'est pas vous qui va me dire…

VICTOR.– Allez.

SUZANNE.– Où ça ?

VICTOR.– Plaît-il ?

SUZANNE.– Vous voulez qu'j'aille où ?

VICTOR.– Nulle part, pourquoi ?

SUZANNE.– Vous avez dit « allez ».

VICTOR.– Non, ah si. On ne dit pas « c'est pas vous qui va me dire », mais « ce n'est pas vous qui ALLEZ me dire ».

SUZANNE.– Le résultat est le même. Vous z'êtes pas mon patron. Laissez-moi terminer de ranger avant que du monde arrive, sinon c'est moi qui va m'faire disputer.

VICTOR.– Qui VAIS, pas qui VA.

SUZANNE.– Qui va, qui vais, c'est pareil. Et puis vous êtes toujours après moi, à m'surveiller.

VICTOR.– C'est pour m'assurer que vous faites convenablement votre travail.

SUZANNE.– Oui ben j'en ai marre de vos airs. Et si ça continue, j'vais y retourner chez mes parents.

VICTOR.– Voilà une sage décision. *Il sort en se retournant plusieurs fois pour la surveiller.*

SUZANNE *(en l'imitant)*.– Voilà une sage décision. *(Voix normale)* Quel prétentieux !

Scène 5. Suzanne, M. Armand, Mathilde et Léon

Suzanne continue de ranger. Monsieur Armand entre en scène.

M. ARMAND *(tout en s'asseyant et en dépliant le journal qu'il tient à la main)*.– Bonjour Suzanne, servez-moi un verre de porto, voulez-vous.

SUZANNE.– Tout de suite, M'sieur Armand. *(En le servant.)* Y fait chaud, hein ?

M. ARMAND.– Oui, je me suis rendu à pied en ville ce matin, et je me suis fait surprendre par la chaleur.

Mathilde entre en scène.

MATHILDE.– Bonjour.

SUZANNE.– Bonjour mademoiselle.

M. ARMAND.– Mademoiselle Mathilde. Vous êtes ravissante aujourd'hui.

MATHILDE.– Merci. Vous êtes chou et moderne avec ça, les pantalons ne vous choquent pas.

M. ARMAND.– Il en faudrait davantage pour me choquer, même si j'ai un faible pour les robes qui savent si bien sublimer les silhouettes.

SUZANNE.– Vous causez bien, M'sieur Armand.

M. ARMAND.– Merci Suzanne. Dites-moi, quand passons-nous à table, mon petit ?

SUZANNE.– Oh ! Le déjeuner… faut qu'j'me dépêche, moi… *Elle sort.*

MATHILDE.– Vous êtes allé en ville, ce matin ?

M. ARMAND.– Oui et je me suis presque retrouvé pris dans un hold-up.

MATHILDE.– Un hold-up ? C'est excitant. Vous avez vu les gangsters ? Ils portaient des masques ?

M. ARMAND.– La banque a été cambriolée. J'ai croisé le père Étienne, il était tout secoué. Ce n'est pas bien résistant ces hommes d'Église.

MATHILDE.– C'est vrai qu'à chaque fois qu'il vient ici c'est pour avoir un petit remontant, et pas du vin de messe.

M. ARMAND.– En tout cas, il a dû y avoir de grabuge. Ça grouillait de cognes.

MATHILDE.– De cognes ?

M. ARMAND.– Oui, de policiers.

MATHILDE.– Je ne connaissais pas ce mot.

M. ARMAND.– C'est de l'argot parisien.

MATHILDE.– De l'argot parisien ? Je croyais que vous étiez de Chinon.

M. ARMAND.– Disons que j'ai habité un peu partout en France.

MATHILDE.– Il faudra que vous me racontiez un jour votre passé… Je vous soupçonne parfois de ne pas être un simple commerçant à la retraite.

M. ARMAND *(en riant)*.– Il existe tellement de commerces et de commerçants. On ne sait jamais vraiment à qui on a affaire. Et vous serez peut-être surprise par mes mémoires quand ils seront publiés.

MATHILDE.– Vous les avez bientôt terminées ?

M. ARMAND.– Pas tout à fait. Vous allez devoir me supporter encore quelques semaines.

MATHILDE.– Tant mieux. Vous êtes mon client préféré. En même temps, vous n'êtes que deux avec ma tante Zélie, mais, elle, elle n'est pas franchement drôle.

M. ARMAND.– Vous n'attendez pas la visite d'une amie américaine de votre mère ?

MATHILDE.– Oui, Misses Fisher. Elle doit arriver d'un jour à l'autre. Elle voyage beaucoup. Faut dire qu'elle est veuve et très riche, du coup…

M. ARMAND.– Elle en profite.

Léon entre en scène, précipitamment. Il porte un gros sac de voyage et s'arrête net, un peu gêné.

MATHILDE.– Bonjour monsieur.

LÉON.– Bon… Bonjour.

MATHILDE.– Vous désirez une chambre ?

LÉON.– Une chambre ?

MATHILDE.– Oui, une chambre.

LÉON.– Une chambre ?

MATHILDE.– Oui, c'est un hôtel ici. Et comme vous portez un sac de voyage.

LÉON *(serrant le sac contre lui)*.– Oui, un hôtel... Une chambre... à l'hôtel... C'est-à-dire...

MATHILDE *(amusée)*.– Dites, vous voulez une chambre ou pas ?

M. ARMAND *(se levant, l'air méfiant)*.– Vous n'avez pas l'air de savoir ce que vous voulez, monsieur... monsieur comment.

LÉON *(hésitant)*.– Monsieur... Tellier. Léon Tellier. J'ai un rendez-vous...

MATHILDE.– Un rendez-vous ? *(Elle marque une pause)* J'y suis, vous êtes le danseur ! Il fallait le dire plus tôt. C'est chouette que vous soyez là. Je vais chercher ma mère.

LÉON et M. ARMAND.– Le danseur ?

MATHILDE *(à M. Armand)*.– C'est une idée de maman. Elle a décidé d'engager un danseur pour des soirées, pour donner des leçons.

LÉON *(surpris)*.– Des leçons de danse ? Ici ?

MATHILDE *(en riant)*.– Oui, à l'hôtel.

LÉON.– Excusez-moi Mademoiselle, mais ce que vous racontez, c'est pas très clair.

MATHILDE.– C'est pourtant ce qui était expliqué dans l'annonce.

LÉON *(étonné).–* L'annonce ?

MATHILDE.– Celle parue dans le journal. Dites, vous avez vraiment la tête en l'air, vous. C'est trop chou. *Elle sort.*

M. ARMAND *(étonné).* – Si vous n'avez pas vu l'annonce dans le journal, pourquoi êtes-vous ici ?

LÉON *(lentement).–* Le journal… Trop chou… *(pour lui-même)* Joli petit lot, la gamine.

M. ARMAND *(menaçant).–* Vous ne semblez pas savoir pourquoi vous êtes ici. *(En désignant le sac)* Et votre bagage ? Si vous ne cherchez pas une chambre d'hôtel, pourquoi un si gros sac ?

LÉON.– Mon sac ?

M. ARMAND.– Oui, votre sac.

LÉON.– Et en quoi ça vous regarde ?

M. ARMAND.– Disons que je suis curieux.

LÉON.– J'aime pas bien les curieux, vu ?

M. ARMAND *(toujours menaçant).–* Auriez-vous quelque chose à cacher ?

Scène 6. Les mêmes, Zélie, Madeleine et Mathilde

Zélie entre en scène.

ZÉLIE.– Quelle chaleur dans les chambres ! C'est insupportable. Monsieur Armand, auriez-vous, je vous prie, la gentillesse de me servir un verre d'eau. Je n'arrive pas à trouver cette maudite bonne.

M. ARMAND.– Certainement, chère madame. *Il se dirige vers le bar.*

ZÉLIE *(dévisageant Léon avec hauteur).–* Vous n'êtes pas client de l'hôtel ?

M. ARMAND.– Non, c'est un danseur, enfin à ce qu'il prétend.

ZÉLIE.– Un danseur ? Seriez-vous le professeur que ma nièce compte engager ? *(À l'attention de M. Armand.)* Une idée saugrenue si vous voulez mon avis.

LÉON.– Permettez…

ZÉLIE.– Je ne vous demande pas votre avis, jeune homme. Êtes-vous Espagnol ?

LÉON.– Pardon ? Non. Pourquoi ?

ZÉLIE.– Argentin, peut-être ?

LÉON.– Non plus.

ZÉLIE.– Et vous osez vous prétendre danseur.

LÉON.– Mais quel est le rapport ?

M. ARMAND.– C'est un fait, chère madame, quel est le rapport entre ces deux pays et ce monsieur ?

ZÉLIE.– Quelle question ! Un danseur mondain est espagnol ou argentin et s'appelle Manolo ou Pablo.

LÉON *(en aparté).–* Elle a plus toute sa tête la « vieille ».

M. ARMAND.– On ne sait toujours pas si ce monsieur est danseur, quant à être mondain.

LÉON.– Dites, on ne se connaît pas alors…

M. ARMAND.– Justement, j'ai l'impression de vous avoir déjà vu.

LÉON *(à la fois gêné et contrarié)*.– Bah ! Vous avez besoin de lunettes, parce que moi votre figure elle ne me dit rien.

ZÉLIE *(haussant les épaules)*.– Ni Espagnol, ni Argentin, et grossier avec ça.

Madeleine entre en scène, suivie de sa fille.

MADELEINE.– Bonjour monsieur, je suis madame Boucicaut. Je vous attendais demain, mais puisque vous êtes là, et que le déjeuner est près, joignez-vous à nous. Ainsi, nous pourrons nous entretenir.

LÉON.– Avec plaisir, madame Boucicaut. *(Il lui baise la main qu'elle tend)* Et je comprends maintenant de qui votre fille tient son charme.

M. ARMAND.– Venez chère amie, puisqu'il nous faut partager notre déjeuner avec ce danseur de bazar, que je sois au moins assis à vos côtés.

ZÉLIE *(en donnant un coup d'éventail sur l'épaule de Léon)*.– Mesurez vos propos jeune homme. Ma nièce est mariée, et ma petite-nièce bien trop jeune pour écouter vos fadaises.

MATHILDE *(charmée)*.– Au contraire, je suis bien assez vieille pour les entendre.

Victor entre en scène.

VICTOR.– Que Madame veuille bien m'excuser, mais la cuisinière fait dire à Madame que le déjeuner est prêt et que le soufflé ne saurait attendre.

LÉON *(en aparté).*– Mais d'où il sort le pingouin ?

MADELEINE.– Nous arrivons. Victor, puisque vous êtes là, prenez le sac de monsieur.

VICTOR.– Si Madame insiste. Monsieur, votre… bagage.

LÉON *(reculant).*– Non, ce n'est pas la peine. Je préfère le garder.

MADELEINE.– Vous êtes sûr ?

LÉON *(un peu brusque).*– Certain !

MATHILDE.– Vous transportez vos économies ?

LÉON *(gêné).*– Non, non…

Ils sortent. Noir.

Scène 7. Paul, Mathilde, Maddie, mademoiselle Mathieu et père Étienne

Paul est en train de lire. Mathilde entre en scène.

MATHILDE.– Ah ! papa, Maman te cherche. Elle veut s'assurer que nous avons assez de champagne pour ce soir.

PAUL *(sans lever les yeux de son livre).*– Pourquoi ne demande-t-elle pas à Victor de s'en charger ? Je suis occupé.

MATHILDE.– Elle se doutait de ta réponse, et elle m'a demandé de te dire que ce n'est pas négociable.

PAUL *(en râlant).*– Pas négociable ! Quelle idée d'organiser une soirée dansante.

MATHILDE.– Tu vas voir, ça sera chouette. J'espère que monsieur Tellier me fera danser. *Elle se met à danser.*

PAUL *(à voix basse).*– Avec sa petite moustache noire, ses petits gilets et ses petites manières, il a tout d'un gigolo celui-là. *(À Mathilde)* Je préfère qu'il garde ses attentions pour les clientes. Et qu'il cesse de faire le joli cœur auprès de toi ou de ta mère.

MATHILDE *(en riant).*– Tu ne serais pas un peu jaloux ?

PAUL.– Jaloux d'un danseur… certainement pas.

MATHILDE.– Je trouve ça chouette d'organiser cette soirée. Et Maddie pourra nous monter de nouvelles danses américaines. Je suis contente qu'elle soit arrivée. Ça va être chouette !

PAUL.– Mathilde, arrête de dire « chouette » à tout propos. C'est pénible, presque autant que la perspective de cette affreuse soirée où tout le monde va se trémousser.

MATHILDE.– Décidément papa, tu es vieux jeu. *Elle sort en lui tirant la langue. Paul hausse les épaules et se remet à lire.*

Maddie entre en scène.

MADDIE.– Ah ! Paul, je te cherchais.

PAUL *(en aparté)*.– Et moi je cherchais un endroit tranquille pour lire. *(À Maddie.)* Maddie, alors bien reposée après ce long voyage en bateau ?

MADDIE *(en haussant les épaules)*.– Je ne suis pas fatiguée, tu sais on ne fait pas grand-chose sur un paquebot, à part lire... J'ai découvert une romancière anglaise assez étonnante. Elle s'appelle Agatha Christie et écrit des romans policiers. Tu en as entendu parler ?

PAUL.– Non. Moi, à part la poésie…

MADDIE.– Tu as tort. Ces histoires de détectives sont passionnantes. *(Elle se dirige vers le bar.)* Je te sers quelque chose ?

PAUL.– Un whisky, s'il te plaît.

MADDIE *(elle se sert et lui apporte son verre)*.– Tiens. Ce n'est pas de roman policier dont je voulais te parler, mais du danseur que Madeleine a engagé. Je le trouve bizarre.

PAUL.– Bizarre ?

MADDIE.– Oui, louche. Comme s'il jouait un rôle. Ses sourires et ses compliments de romans de gares ont le don de m'énerver.

PAUL.– J'aimerais tellement que Madeleine et Mathilde pensent comme toi. En trois jours, il les a embobinées. Même la bonne manque de s'évanouir quand elle le croise.

MADDIE.– Les Françaises sont trop romantiques, toujours à la merci du premier beau-parleur venu.

PAUL.– Tu étais bien française avant d'épouser ton Américain… et de prendre cet accent ridicule.

MADDIE.– Justement, je me méfie maintenant. Heureusement, tout le monde n'est pas dupe, à commencer par la tante de Madeleine.

PAUL.– La tante Zélie a plus de 60 ans, il y a prescription. De toute manière, j'imagine mal quelqu'un tenter de la séduire à moins d'être désespéré.

Scène 8. Paul, Maddie, mademoiselle Mathieu et père Étienne

Mademoiselle Mathieu et le père Étienne entrent en scène. Elle détaille le lieu avec un air peu aimable. Elle porte un parapluie et un cabas noir.

Melle MATHIEU.– Bonjour.

Père ÉTIENNE.– Bonjour

PAUL.– Madame, bonjour. Père Étienne, comment allez-vous ?

Père ÉTIENNE.– Bien, monsieur Boucicaut, bien, enfin...

Melle MATHIEU *(elle regarde, puis le verre qu'il a la main, elle renifle le contenu du verre).–* Vous buvez de l'alcool ?

PAUL.– Pardon ?

Melle MATHIEU *(elle se dirige vers Maddie et renifle le contenu du verre).–* Vous aussi. Vous n'avez pas honte ?

MADDIE *(hausse les épaules en buvant).–* Non.

Mademoiselle Mathieu se dirige vers Paul et renifle son verre. Il se recule.

PAUL.– Arrêtez de mettre votre nez dans nos verres.

Melle MATHIEU.– Eh bien, père Étienne, vous ne comptez tout de même pas me faire loger dans ce… lieu ?

Père ÉTIENNE *(gêné).–* Mais c'est un hôtel très bien et tout près de l'église comme vous le souhaitiez.

Melle MATHIEU.– La moindre des choses serait de me trouver une pension convenable.

PAUL.– Dites mon père, elle veut une chambre ou pas votre amie ?

Père ÉTIENNE *(à Paul).–* Ce n'est pas mon amie, c'est une relation de ma sœur. *(Plus haut)* Oui, mais votre meilleure chambre.

Melle MATHIEU.– Nous n'avons pas discuté des conditions de logement et de mes exigences. Je ne suis pas venue pour m'amuser.

Père ÉTIENNE *(en aparté)*.– Et ce n'est rien de le dire.

MADDIE.– Pourquoi êtes-vous venue au juste, madame ?

Melle MATHIEU.– Mademoiselle… je ne suis pas mariée.

PAUL *(moqueur)*.– *Pas* même fiancée ?

MELLE MATHIEU.– Je n'ai pas de temps à perdre avec ces futilités. J'ai une mission à accomplir.

MADDIE.– Une mission divine ?

Melle MATHIEU.– Votre humour est déplacé, mademoiselle.

MADDIE.– Madame, je suis mariée. *(Elle se sert un verre.)* Enfin veuve. *(Elle fait mine de trinquer dans le vide.)* À la santé de William qui en a bien profité, un peu trop même.

Discrètement, sans que Melle Mathieu le voie, le père Étienne boit dans le verre de Paul.

Père ÉTIENNE *(à Paul, à voix basse)*.– Veuillez m'excuser, mais j'en ai vraiment besoin.

PAUL.– Faite, je vous prie. Je vais nous resservir. *Il se dirige vers le bar et se sert un verre.*

Melle MATHIEU.– On ne badine pas avec le souvenir d'un défunt, surtout son défunt mari.

(Dédaigneuse) Mais que peut-on attendre d'une femme qui boit ?

MADDIE.– Qu'elle soit gaie et aimable. Ce qui n'est pas votre cas.

PAUL.– Ce n'est pas faux. Que voulez-vous à la fin ? Vous êtes là avec votre air…

Melle MATHIEU.– Mon air ?

PAUL *(perdant son calme)*.– Votre air… coincé. Vous insultez madame Fisher, vous reniflez nos verres comme un chien de piste…

Melle MATHIEU *(choquée)*.– Un chien de piste, comme osez-vous, Monsieur ? Vous entendez, père Étienne ?

Père ÉTIENNE.– Oui, j'entends.

Melle MATHIEU.– Et vous ne dites rien ?

Père ÉTIENNE.– C'est-à-dire que…

Melle MATHIEU.– Ne me coupez pas ! Alors ?… j'attends…

Père ÉTIENNE.– Vous attendez ?

Melle MATHIEU.– Oui, que vous disiez quelque chose.

Père ÉTIENNE.– Mais que voulez-vous que je dise ? *(En aparté)* Je lui revaudrais ça, à ma sœur.

Melle MATHIEU.– Eh bien, qu'on ne me traite pas de vulgaire chien de piste. *(Très fière)* Je suis la vice-présidente de la ligue nationale contre l'alcoolisme de la région Normandie.

MADDIE *(en aparté)*.– Je comprends mieux sa manie de fourrer son nez dans les verres.

Melle MATHIEU.– Et je viens participer à un colloque et traquer ce fléau qu'est l'alcool.

PAUL.– Vous m'en direz tant, un colloque sur l'alcool.

Melle MATHIEU.– Un colloque, oui, et je vous conseille d'y assister. TOUS !

Père ÉTIENNE *(à Paul)*.– Je suis désolé, monsieur Boucicaut, ce n'était finalement pas une bonne idée de lui conseiller votre hôtel. Mais comme vous aviez besoin de clients.

PAUL.– Ne vous inquiétez pas mon père, vous ne pouviez pas vous douter.

Père ÉTIENNE.– Un peu tout de même.

Melle MATHIEU *(en levant haut son parapluie)*.– L'alcool est le plus grand danger de notre société et nous nous de devons de le combattre avec courage. Il nous faut porter haut et fort l'étendard de la vertu et de l'abstinence.

PAUL.– Écoutez, Jeanne d'Arc, ramassez votre étendard, votre vertu, qu'on ne risque pas bousculer, et aller combattre ailleurs.

Melle MATHIEU *(lève son parapluie et scande tout en tournant en rond)*. – L'alcool est un poison, il pervertit les hommes, l'alcool est un poison, il asservit les hommes, l'alcool…

PAUL *(tout en la poussant dehors).*– Allez ouste, dehors. Allez crier ailleurs ou j'appelle la police.

Elle sort en criant le slogan.

Père ÉTIENNE.– Encore une fois, cher monsieur Boucicaut, je suis vraiment confus.

PAUL.– Ce n'est pas moi qui suis le plus à plaindre, mon ami. Il vous faut encore lui trouver une chambre et, vu sa personnalité, ce ne sera pas une partie de plaisir.

Père ÉTIENNE.– C'est ainsi, monsieur Boucicaut, chacun porte sa croix… et celle-là *(en désignant la sortie),* elle est en bois massif.

MADDIE.– Bon débarras, elle nous aurait gâché la soirée avec son abstinence.

PAUL.– Ah oui ! la fameuse soirée. J'avais oublié. Père Étienne, pourquoi ne vous joindriez-vous pas à nous, histoire de vous détendre ?

Père ÉTIENNE.– Ma foi, je me laisserais bien tenter, même si *(en montrant sa tenue)*… Ce n'est pas très convenable.

PAUL.– Allez ! Laissez-vous tenter, pour une fois.

MADDIE.– Et puis ça vous changera les idées.

Père ÉTIENNE.– Juste une petite heure alors, pas plus.

Noir, rideau.

Scène 9 - Tous.

Le rideau s'ouvre, tous sont en scène. Musique Charleston en bruit de fond. Suzanne circule avec un plateau et offre à boire. Victor pousse les sièges pour faire de la place.

MADELEINE.– Victor, dépêchez-vous, faites de la place. Nous avons hâte de voir monsieur Tellier à l'œuvre.

VICTOR *(l'air peu ravi).*– Bien Madame.

LÉON (*à Madeleine, charmeur*).– Léon, je vous en prie…

PAUL *(peu aimable).*– Et moi je vous prie de garder vos distances avec ma femme.

LÉON.– C'est-à-dire…

SUZANNE (*s'approche du curé avec le plateau*).– Un jus de fruits ?

Père ÉTIENNE.– Euh, vous n'auriez rien de plus fort ?

SUZANNE.– C'est à dire que comme vous êtes le curé, j'me suis dis que…

MADDIE.– Suzanne, le père Étienne a besoin d'un petit remontant. Il a eu une journée difficile. N'est-ce pas, mon Père ?

Père ÉTIENNE.– Effectivement, je n'aurais rien contre un peu de champagne. Mais juste un peu… Je n'ai pas trop l'habitude de boire. *Il prend un verre et le vide d'un trait.*

M. ARMAND.– Monsieur Tellier, nous avons hâte de vous voir à l'œuvre.

LÉON *(mal à l'aise).–* Bien sûr…

Léon se rapproche de Madeleine et s'apprête à lui prendre la main, mais Zélie s'interpose.

ZÉLIE.– Ce ne sera pas avec ma nièce.

LÉON.– Mais il me faut une cavalière.

Mathilde entre en scène, Léon se dirige vers elle.

ZÉLIE.– Ni ma petite-nièce…

LÉON.– Misses Fisher, peut-être ?

Maddie hausse les épaules et lui tourne le dos.

SUZANNE *(s'approche de Léon, en souriant).–* Vous voulez une coupe de champagne, monsieur Léon?

LÉON.– Merci, Suzanne, j'en ai besoin. (*Il prend un verre, le vide d'un trait et le repose.)* Bien. On va commencer.

MATHILDE *(en battant des mains).–* Chouette !!!

PAUL.– Mathilde !

LÉON.– Je vous propose de commencer par battre des bras comme des ailes… *Madeleine, Mathilde et Suzanne s'exécutent sous le regard des autres.*

MATHILDE *(tout en battant des bras).–* Et après ?

VICTOR *(en aparté).–* Ridicule, grotesque.

LÉON.– Après, eh bien… les jambes bougent.

MADELEINE *(en battant des bras)*.– Comment bougent-elles ?

MATHILDE *(avance en croisant les pieds sur place)*.– Comme ça, non ?

LÉON *(fait comme elle, en moins bien)*.– Parfait, vous vous débrouillez très bien.

M. ARMAND.– Ce qui ne semble pas être votre cas, monsieur Tellier.

ZÉLIE *(à M. Armand)*.– Que peut-on attendre d'un homme qui n'est ni espagnol ni argentin ?

Père ÉTIENNE.– D'être un enfant du seigneur.

ZÉLIE *(hautaine)*.– Vous vous croyez à la messe ?

M. ARMAND.– On attend de cet homme qu'il soit ce qu'il prétend être.

Père ÉTIENNE *(perplexe)*.– Ah oui, bien sûr.

Pendant l'échange, Léon danse de plus en plus vite (et mal). Soudain, il porte la main à sa poitrine, pousse un râle, puis s'effondre. Tout le monde s'approche et le fixe. M. Armand le pousse du bout du pied, doucement, puis de plus en plus fort.

M. ARMAND.– Je crois qu'il est mort.

MADELEINE.– Vous croyez ou vous en êtes sûr ?

MADDIE *(tâte le pouls)*.– En tout cas, on ne sent plus son pouls *(elle pose l'oreille sur sa poitrine)*, ni son cœur. Mais je ne suis pas docteur.

PAUL.– Que fait-on ?

ZÉLIE.– Mais, appelez la police, voyons !

Père ÉTIENNE *(en se signant)*.– Jésus, Marie, Joseph… Il est… Il est vraiment mort ?

SUZANNE.– Pauv' monsieur Léon.

VICTOR.– Ce n'est pas chez monsieur le comte…

MADELEINE.– Victor, ce n'est pas le moment !

Père ÉTIENNE.– Mon Dieu !! Mon Dieu !

MATHILDE.– Vous n'allez pas le ressusciter comme ça. *(À M. Armand)* De quoi est-il mort, d'après vous ?

M. ARMAND.– Allez savoir avec ce genre de gus.

MADDIE.– Je pense qu'il est plus judicieux pour nous d'attendre avant d'appeler la police.

MADELEINE.– Pourquoi ?

MADDIE.– Eh bien, tant que l'on ne saura pas de quoi et comment il est mort, nous serons tous suspects aux yeux des enquêteurs.

SUZANNE.– Tous suspects ?

Père ÉTIENNE.– Mon Dieu !! Mon Dieu !!

Noir, rideau

Fin de l'acte1

ACTE 2

Scène 1. Madeleine, Paul, Zélie, Maddie, Mathilde, Solange

Ils sont assis, le cadavre a disparu.

PAUL.– Je maintiens que nous aurions dû appeler la police, hier soir.

MADELEINE.– Paul a peut-être raison.

MADDIE.– Crois-moi, on gagnera du temps en leur démontrant que nous n'y sommes pour rien…

PAUL.– Comment t'y prendras-tu ? Je te rappelle que tu n'es pas inspecteur. Tu lis trop de romans policiers, Maddie.

MADDIE.– Il suffit de réfléchir un peu. Ce n'est pas un problème.

ZÉLIE.– Je dirai même que c'est un avantage. Eh bien, personne ne se méfiera.

PAUL.– Personne, mais comment « personne » ? Nous étions tous présents quand il est tombé raide.

MADDIE.– Justement, ce sera plus simple de nous disculper.

PAUL.– Mouais.

MADELEINE.– Il faudrait déjà savoir de quoi il est mort.

PAUL.– Enfin une parole sensée. Mais pour ça il faudrait qu'il soit autopsié, donc que l'on appelle la police.

MADELEINE.– Il s'est effondré après avoir bu.

PAUL.– Oui et nous avons eu l'excellente idée de cacher le cadavre dans la chambre froide de la cuisine.

ZÉLIE.– Nous ne pouvions pas le laisser au milieu du salon. Il n'était pas très beau à voir.

MADDIE.– Il avait une drôle de tête. *Elle fait une grimace.*

PAUL.– Il était surtout très mort.

ZÉLIE.– Un mort est rarement beau à voir. Au moins, au frais, il se conservera.

PAUL.– Eh bien, si tout est pour le mieux…

Victor entre en scène et se dirige vers Paul.

VICTOR.– Que Monsieur m'excuse, mais nous avons un problème avec la bonne. Elle est partie.

PAUL.– Il ne manquait plus que ça… Madeleine.

MADELEINE.– Je m'en occupe. Venez Victor. *Ils sortent.*

MADDIE.– Il a vraiment l'air coincé ce Victor, c'en est ridicule…

Mathilde entre en scène.

MATHILDE.– Ça alors... vous êtes au courant ? Suzanne est partie.

ZÉLIE.– À ce qu'il paraît. Elle a bien choisi son moment. Ah ! Les domestiques.

Solange entre en scène.

SOLANGE.– Bonjour.

PAUL.– Bonjour.

Solange ne dit rien...

MATHILDE.– Vous désirez ?

SOLANGE.– Lucien. Vous l'avez pas vu ?

MADDIE.– Lucien ? Non.

SOLANGE.– Mais je vais faire quoi moi ?

ZÉLIE.– Commencer par nous dire qui vous êtes et qui est ce Lucien.

SOLANGE *(se mettant à pleurer)*.– Je suis la fiancée de Lucien. On avait rendez-vous ici... enfin, je crois.

PAUL *(il sort un mouchoir)*.– Séchez vos larmes.

MADDIE.– Lucien...

SOLANGE.– Vous le connaissez ?

MATHILDE.– Non. Et que fait-il, ce Lucien ?

SOLANGE *(en reniflant)*.– Je ne sais pas... mais c'est quelqu'un de bien.

PAUL *(pour la calmer).*– Bien sûr.

ZÉLIE.– Quelqu'un de bien ne donne pas rendez-vous à une femme dans un hôtel.

SOLANGE *(elle se remet à pleurer).*– Qu'est…ce que… j'vais… faire…

MADDIE *(fait signe aux autres de s'approcher d'elle).*– Lucien, Léon, vous ne trouvez pas ça bizarre comme coïncidence ?

PAUL.– Tu crois qu'il s'agirait du même homme ?

MADDIE.– Je ne sais pas, mais il faudrait qu'elle nous en dise plus. *(À Solange.)* Mademoiselle, pouvez-vous nous décrire votre Lucien ?

SOLANGE *(en hoquetant).*– Il est… beau.

MATHILDE.– Mais encore.

PAUL.– A-t-il une moustache ?

SOLANGE.– Oui.

ZÉLIE.– La moitié des hommes porte la moustache. *(Poussant Maddie.)* Laissez-moi faire. Est-il Espagnol ?

SOLANGE *(étonnée).*– Non.

ZÉLIE.– Argentin ?

SOLANGE *(étonnée).*– Non. Pourquoi ?

ZÉLIE.– Il n'est pas danseur ?

SOLANGE.– Mais non.

ZÉLIE.– Ah, ah !!! J'en étais sûre.

MATHILDE.– De quoi, tante Zélie ?

ZÉLIE.– Le mort, ce n'était pas un danseur.

SOLANGE *(en criant)*.– Il est mort ? Lucien… est… mort !

PAUL.– Nous n'avons rien dit de tel.

SOLANGE *(désignant Zélie)*.– Si ELLE l'a dit !

MADDIE.– Mais, non. Nous parlions du danseur, pas de votre ami.

SOLANGE.– Mais puisque vous dites que c'est un danseur. *(De plus en plus fort, un peu hystérique)* Ah, mais il ne va pas s'en sortir. Faire croire qu'il est mort pour se débarrasser de moi. Vous entendez ? *(Elle les dévisage)*. Vous êtes peut-être de mèche avec lui ? C'est ça. Vous le cachez.

PAUL.– Nous ne cachons personne.

MADDIE *(en aparté)*.– Sauf un mort dans la chambre froide.

SOLANGE *(en criant)*.– Je vois clair dans votre jeu.

ZÉLIE.– Reprenez vos esprits, Mademoiselle. Nous ne savons rien de votre ami. Alors, cessez de crier comme une hystérique, ou nous nous verrons contraints d'appeler la police.

PAUL *(à voix basse)*.– Euh, ce n'est pas une bonne idée.

SOLANGE.– La police ? Bonne idée. Vous verrez si vous le cacherez longtemps mon Lucien. *Elle sort précipitamment.*

MATHILDE.– Que fait-on, tante Zélie, si jamais elle revient avec la police ?

PAUL.– Eh bien, moi, je vais voir comment Madeleine s'en sort avec les domestiques. *Il sort.*

MADDIE.– Comme on dit en Amérique…

ZÉLIE.– Vous n'êtes pas fatiguée de parler avec cet accent ridicule ?

Scène 2. Zélie, Maddie, Mathilde, M. Armand, père Étienne

Monsieur Armand entre en scène.

M. ARMAND.– Ah, mesdames, quelle soirée ! Quelle soirée !

ZÉLIE *(à M. Armand)*.– Cela vous rappelle-t-il le bon vieux temps ?

MATHILDE.– Quel bon vieux temps ?

M. ARMAND.– Rien, votre tante blague… pour détendre l'atmosphère. *(À voix basse à Zélie)* Que voulez-vous dire par « bon vieux temps » ?

ZÉLIE *(sur le même ton)*.– Que vous ne ressemblez pas à un représentant à la retraite, c'est tout. La manière dont vous vous adressiez à ce Léon, comme si vous aviez l'habitude de traiter avec ce genre d'individu. *(Se touchant le ventre.)* Il est temps que je prenne mon laudanum, avec toutes ces émotions. *Elle sort.*

MADDIE.– C'est vrai que vous faites plutôt penser à…

MATHILDE.– Un policier ou un gangster.

M. ARMAND.– Un gangster, rien que ça. *(Un peu amusé)* Et pourquoi ?

MATHILDE.– Je ne sais pas. Peut-être, votre côté mystérieux…

MADDIE.– Peut-être… Une certaine autorité…

M. ARMAND *(en riant)*.– Eh bien, vous avez toutes beaucoup d'imagination. *(En aparté, sans rire.)* Et beaucoup de perspicacité. Heureusement, tout ça est derrière moi *(plus fort)* Après tout, peu importe notre passé, ce qui compte c'est l'avenir et surtout ce que nous allons bien pouvoir faire du cadavre qui prend le frais.

MADDIE.– Vous avez raison. Qui peut-il bien être ?

MATHILDE.– Je pourrais aller jeter un coup d'œil dans ses affaires.

MADDIE.– Non, non, jeune fille…

MATHILDE.– Bien moi, je vous laisse. Je vais… voir si maman n'a besoin de rien. *Elle sort.*

Le père Étienne entre en scène.

Père ÉTIENNE.– Bonjour, si l'on peut dire, après une si mauvaise soirée. Alors, du nouveau ?

M. ARMAND.– Rien pour l'instant.

Père ÉTIENNE.– Et la police, qu'en dit-elle ?

MADDIE.– Rien, pour la bonne raison que nous ne l'avons pas prévenue.

Père ÉTIENNE.– Pas prévenue ? Mais le corps *(il regarde autour de lui),* il n'est plus là !

MADDIE.– Normal, il est dans la chambre froide.

Père ÉTIENNE.– Dans la… chambre froide ?

M. ARMAND.– Nous ne pouvions décemment le laisser au milieu de la pièce. Sans compter que ça se décompose vite un mort.

Père ÉTIENNE.– Mon Dieu ! Mais on ne peut pas le laisser comme ça, entre une salade et un gigot.

M. ARMAND *(en aparté).*– Viande pour viande.

Scène 3. Maddie, M. Armand, père Étienne, Solange, le commissaire

Solange et le commissaire entrent en scène.

COMMISSAIRE.– Mesdames, messieurs bonjour. Commissaire Langlois.

M. ARMAND.– Commissaire, bonjour.

MADDIE *(à voix basse).*– Aïe !

SOLANGE.– Ah ! Ah ! Je vous l'avais bien dit que j'appellerais la police. Mon Lucien ne m'aurait jamais abandonnée.

MADDIE.– Ce n'est pas ce que vous disiez tout à l'heure.

Père ÉTIENNE *(en plongeant le nez dans une revue)*.– Mon Dieu, la police.

COMMISSAIRE.– Permettez. *(Sur un ton un peu snob.)* Je suis le commissaire Langlois de la police judiciaire et mademoiselle pense que son *(un ton méprisant)* ami a disparu.

M. ARMAND.– Un commissaire pour une simple disparition mazette, quel honneur !

SOLANGE.– Ce n'est pas une simple disparition. Il est mort *(les pointant tous du doigt),* et vous le savez tous.

MADDIE.– Monsieur le commissaire, j'ignore ce que cette jeune fille vous a raconté, mais personne n'a disparu ici.

Zélie entre en scène avec un sac.

MADDIE *(à Zélie)*.– N'est-ce pas, Mme de Saint-Hilaire ? Je disais au commissaire que personne n'avait disparu. *En disant commissaire elle fait des signes derrière le dos de ce dernier.*

ZÉLIE *(hésitant un instant)*.– Enchantée. *(Tendant sa main.)* Je suis madame de Saint-Hilaire.

COMMISSAIRE *(il esquisse une courbette et lui baise la main)*.– Tout à fait, oui.

SOLANGE *(très agitée, s'interposant entre Zélie et le commissaire).*– Et moi, je vous dis qu'il ne m'aurait jamais laissé tomber.

ZÉLIE.– Commissaire, vous voyez bien que cette pauvre fille n'a pas toute sa tête.

Elle se dirige vers un fauteuil et sort un tricot de son sac.

COMMISSAIRE.– Il me semble que c'est à moi d'en juger.

M. ARMAND.– Jugez, monsieur le commissaire, et vous verrez que ce monsieur n'est pas là.

SOLANGE.– Bien sûr, vous l'avez tué.

Père ÉTIENNE *(levant le nez de son missel).*– Mon enfant, ne proférez pas de telles accusations devant Dieu.

ZÉLIE.– Vous, retournez à votre missel et ne mêlez pas Dieu à nos affaires. Ça ne le regarde pas.

Père ÉTIENNE *(se remet à lire en marmonnant).*– Ça ne le regarde pas. Ça ne le regarde pas. Un peu quand même…

COMMISSAIRE.– Tout à fait oui, reprenons voulez-vous. *(À M. Armand.)* Sachez, monsieur, que les disparitions cachent parfois des meurtres.

Père ÉTIENNE *(se signant).*– Oh ! Mon Dieu !

MADDIE.– Monsieur le commissaire, personne n'a été tué ici. Et nous ne connaissons pas de Lucien.

COMMISSAIRE.– Il semble qu'un homme avec son signalement a été vu entrant ici, il y a quelques jours.

M. ARMAND.– Ça ne vous aura pas échappé que c'est un hôtel ici. Les gens vont et viennent.

COMMISSAIRE.– Tout à fait, oui, un hôtel.

SOLANGE.– Ne les laissez pas dire m'sieur le commissaire. On avait rendez-vous ici.

Père ÉTIENNE.– Un hôtel n'est pas un endroit pour donner rendez-vous à une jeune fille.

SOLANGE.– De quoi j'me mêle. C'est pas un endroit non plus pour un curé.

COMMISSAIRE.– Ce n'est pas faux. *(Au Père Étienne.)* Que faites-vous là ?

Père ÉTIENNE.– Eh bien… eh bien…

M. ARMAND.– Il prépare son prochain sermon.

COMMISSAIRE.– Dans un hôtel ?

M. ARMAND.– Et alors ? Quoi de mieux qu'un hôtel pour traquer les faiblesses des hommes.

Père ÉTIENNE *(bégayant)*.– Voilà, c'est ça… Les faiblesses.

MADDIE.– Commissaire, nous nous égarons.

COMMISSAIRE.– Tout à fait. Donc, vous êtes tous catégoriques. Aucune personne du nom de Lucien ne s'est présentée à l'hôtel.

SOLANGE.– Lucien Buchet.

ZÉLIE.– Mettriez-vous notre parole en doute ?

COMMISSAIRE.– Non, mais…

M. ARMAND *(sèchement)*.– J'aime mieux ça.

COMMISSAIRE *(à Solange)*.– Mademoiselle, il semble que vous ayez commis une erreur. Erreur qui me place dans une situation délicate.

ZÉLIE.– Je ne vous le fais pas dire.

MADDIE *(à voix basse, à M. Armand)*.– Je vais voir ce que fait Mathilde. *(Tout haut)* Si vous permettez, monsieur le commissaire, j'ai à faire. *Elle sort sans attendre.*

Scène 4. Zélie, M. Armand, père Étienne, M. Armand, Solange, le commissaire, Victor

Victor entre en scène.

ZÉLIE.– Ah, Victor, pensez-vous que nous pourrions avoir un peu de thé ou de café ?

Père ÉTIENNE.– Euh pour moi, ce sera une tisane. Le champagne d'hier m'est resté sur l'estomac.

VICTOR.– Cela ne rentre guère dans nos attributions de servir, madame.

ZÉLIE.– Ne rentre guère dans vos attributions ? Je crois rêver.

VICTOR *(en soupirant)*.– Mais comme nous n'avons plus de bonne, nous allons devoir nous exécuter, je présume…

ZÉLIE.– Vous présumez parfaitement, Victor.

COMMISSAIRE *(d'une oreille distraite).–* Tout à fait… *(en réagissant)* Plus de bonne ? Une autre disparition ?

VICTOR *(hautain).–* Non, monsieur, une désertion !

M. ARMAND.– Pauvre petite. C'est vous qui l'avez fait fuir Victor à toujours l'asticoter…

VICTOR *(choqué).–* Moi, monsieur ?

COMMISSAIRE.– Je vais finir par croire qu'il se passe des choses étranges dans cet hôtel.

SOLANGE *(lui secouant le bras).–* Je vous l'avais bien dit.

COMMISSAIRE.– Cessez de me secouer, je vous prie.

VICTOR *(au commissaire).–* La bonne a donné son congé. Avec tous ces évènements !

COMMISSAIRE.– Quels évènements ?

SOLANGE.– Il faudrait que j'aille aux toilettes. *(Se plantant devant Victor.)* C'est où le petit coin ?

VICTOR.– Deuxième porte à droite dans le couloir. *Solange sort.*

COMMISSAIRE *(à Victor).–* Quels évènements, je vous prie ?

M. ARMAND *(s'interposant).–* Le quotidien d'un hôtel, les clients, le service… Enfin rien qui puisse intéresser un commissaire.

VICTOR.– Un commissaire ?

M. ARMAND.– Victor, monsieur ici présent, est le commissaire Langlois de la police judiciaire.

COMMISSAIRE.– Tout à fait, oui, et très intéressé par les évènements auxquels vous faisiez allusion.

VICTOR.– Que monsieur m'excuse, mais nous ne faisions allusion à rien en particulier. Monsieur aura mal compris.

COMMISSAIRE.– Nous ?

M. ARMAND.– Oui, Victor a servi chez un comte, alors il aime bien se donner du nous. Son petit genre à lui, n'est-ce pas, Victor ?

ZÉLIE *(en tendant la laine au curé pour qu'il l'aide à faire une pelote).*– Tenez, rendez-vous utile et aidez-moi.

Père ÉTIENNE.– Oui, oui, bien sûr.

ZÉLIE.– Alors, Victor, ces cafés ?

VICTOR.– Que madame m'excuse, je répondais au commissaire.

COMMISSAIRE.– Pour l'instant, vous ne me dites pas grand-chose.

VICTOR.– C'est qu'il n'y a pas grand-chose à dire, et nous n'avons pas l'habitude de…

On entend crier et Solange entre précipitamment.

SOLANGE *(tout bas, au commissaire).*– Lucien… il est là…

COMMISSAIRE *(en aparté).*– Lucien... Lucien... Ce pourrait-il finalement que ?

SOLANGE.– Mais il est… Lucien, Lucien, il est…

COMMISSAIRE.– Il est quoi ?

SOLANGE *(désignant la porte en pleurant).*– Il est mort, dans le frigo.

COMMISSAIRE.– Tout à fait… Mort ? Dans le frigo ? Comment ça, dans le frigo ?

SOLANGE.– Avec la salade.

COMMISSAIRE.– Quelle salade ? Quel frigo ?

Les autres s'occupent ailleurs, visiblement gênés.

COMMISSAIRE.– Montrez-moi !

Il sort en poussant Solange qui sanglote puis qu'on entend hurler.

Père ÉTIENNE.– Mon Dieu, qu'allons-nous faire ?

ZÉLIE.– Vous n'avez qu'à prier.

M. ARMAND.– Réfléchissons calmement.

Père ÉTIENNE.– C'est tout réfléchi… Nous serons tous suspects, avec ce cadavre dans la chambre froide.

M. ARMAND *(au curé).*– Vous ! Priez !

Père ÉTIENNE.– Je crains que ça ne serve à rien.

ZÉLIE.– Victor, allez prévenir ma nièce.

VICTOR.– Bien madame. *Il sort.*

Le commissaire entre en scène, suivi de Solange qui sanglote toujours.

COMMISSAIRE.– Qui peut m'expliquer comment Lucien Belle-Gueule a fini dans la chambre froide ? Et j'exige la vérité.

M. ARMAND.– Lucien qui ? *(Se tournant vers Zélie.)* Connaissez-vous ce monsieur ?

ZÉLIE.– Il n'est pas dans mes habitudes de fréquenter les cadavres.

M. ARMAND *(au curé)*.– Et vous, mon Père ?

Père ÉTIENNE.– Comment dites-vous ? Monsieur Belle-Gueule ? Non.

COMMISSAIRE *(stupéfait)*.– Vous avez fini de me prendre pour…

SOLANGE.– Je vous l'avais dit commissaire, ils l'ont tué.

COMMISSAIRE.– Cessez de me crier dans les oreilles, mademoiselle. *(Visiblement exaspéré.)* Allez donc m'attendre au commissariat, pour votre déposition.

SOLANGE.– Vous voulez que je dépose quoi ?

COMMISSAIRE.– Eh bien, vous nous raconterez comment vous avez découvert le cadavre de…

SOLANGE *(en criant)*.– Lucien, mon Lucien.

COMMISSAIRE *(en la poussant vers la sortie).–* Et surtout, expliquez bien à l'agent comment, en allant aux toilettes, vous êtes arrivée dans la chambre froide.

M. ARMAND.– Ça, c'est une sacrément bonne question !

ZÉLIE.– Admettez, commissaire, que c'est mieux pour le conserver.

Père ÉTIENNE.– Et qui est… enfin qui était ce monsieur Belle-Gueule ?

COMMISSAIRE.– Un escroc, un voleur que nous traquons depuis plusieurs jours. Nous le soupçonnons d'avoir commis le casse de la banque d'épargne.

ZÉLIE.– Raison de plus… Un escroc, au milieu du salon, qu'auraient pensé les clients ?

COMMISSAIRE *(menaçant).–* Ce n'est pas pour les clients que vous devriez vous inquiéter, chère madame, mais pour vos alibis.

Madeleine entre en scène suivie de Paul.

MADELEINE.– Ah, monsieur le commissaire, Victor me dit que vous avez fait connaissance avec notre hôte… un peu particulier.

Noir, rideau

Fin de l'acte 2

ACTE 3

Scène 1. Madeleine, Paul

Le rideau est fermé. Ils traversent l'avant-scène, Madeleine porte un sac.

MADELEINE *(tendant le sac à Paul).*– Tiens, regarde.

PAUL.– Qu'est-ce que… qu'est-ce que…

MADELEINE.– D'après toi ? *Elle sort des billets.*

PAUL.– Mais d'où sors-tu cet… Non, ne me dis pas que cet argent appartient à *(il mime Léon qui s'est écroulé sur scène).*

MADELEINE.– Appartenait, il est mort.

PAUL.– Je sais qu'il est mort. Tu l'as volé ?

MADELEINE.– Non, c'est Mathilde qui...

PAUL.– Mathilde ? De mieux en mieux, ma fille est une voleuse.

MADELEINE.– Mais non, tout de suite les grands mots…

PAUL.– Les grands mots, et comment appelles-tu une personne qui s'approprie l'argent qui n'est pas le sien ?

MADELEINE.– D'abord, Mathilde ne l'a pas volé, elle l'a découvert dans la chambre de Léon enfin Lucien, et me l'a apporté pour éviter que la police pense qu'il a été tué à cause de ça.

PAUL.– Magnifique, maintenant, nous sommes coupables… de vol !

MADELEINE.– Cesse donc de dramatiser. De toute façon, c'était déjà de l'argent volé alors… Au moins, il servira à une cause… La rénovation de cet hôtel.

PAUL.– Parce que tu comptes le garder ?

MADELEINE.– C'est toi-même qui as dit que nous aurions l'air coupable, si la police savait… Du coup, si on ne dit rien.

PAUL.– Très bien, fais ce que tu veux, moi je ne suis au courant de rien. Et je m'en vais dire deux mots à TA fille.

Ils sortent.

Scène 2 – Madeleine, Paul, le commissaire

Le rideau s'ouvre. Madeleine et Paul sont assis derrière la table, le commissaire est face à eux, muni d'un calepin et d'un crayon.

COMMISSAIRE.– Donc, vous n'aviez jamais vu Lucien Buchet avant ?

PAUL.– C'est bien ce que nous ne cessons de vous répéter.

MADELEINE.– Nous pensions qu'il était danseur.

PAUL.– Enfin tu pensais, moi je n'aimais pas trop ces manières. *(Voix basse à Madeleine)* et j'en connais d'autres qui ont aussi des manières bizarres.

COMMISSAIRE.– Au point de le tuer ?

PAUL.– Quoi ? Mais non !!!

MADELEINE.– Mon mari était un peu jaloux, voilà tout.

COMMISSAIRE.– Tout à fait oui, jaloux… Mais c'est intéressant.

PAUL.– Ne dis pas n'importe quoi, Madeleine… Que va croire le commissaire ?

COMMISSAIRE.– Que la jalousie est un bon mobile pour commettre un meurtre. Et ça expliquerait pourquoi vous avez caché le cadavre.

MADELEINE.– Ce n'est pas ça. Nous voulions…

COMMISSAIRE.– Éviter d'effrayer la clientèle en attendant que la police arrive. Oui, je sais.

PAUL *(en aparté)*.– Je savais que c'était une mauvaise idée, mais on ne m'écoute jamais.

MADELEINE.– Et puis, Paul, un assassin ? C'est mal le connaître.

COMMISSAIRE.– Chère madame, on ne connaît jamais aussi bien les gens qu'on le croit, croyez-moi !

MADELEINE.– Et pourquoi vous croirais-je ?

COMMISSAIRE.– Parce que je connais bien les assassins.

PAUL.– Vous venez de dire qu'on ne connaît jamais aussi bien les gens qu'on le croit… du coup pas sûr que vous les connaissiez aussi bien que vous le croyiez.

Madeleine et le commissaire regardent Paul, se regardent, perplexes.

PAUL.– … Je n'ai pas raison ?

COMMISSAIRE.– Tout à fait, oui. *Un peu gêné, il écrit dans son carnet.*

Le téléphone sonne. Madeleine se lève et décroche.

MADELEINE.– Allô… *(Pause)* C'est pour vous commissaire.

COMMISSAIRE.– Allô… *(Il prend un ton snob, précieux)* Monsieur le juge… tout à fait… Vous pouvez me faire confiance… Je procède moi-même aux interrogatoires… J'ai déjà une piste ou deux…

PAUL *(à voix basse)*.– Avec tes histoires de jalousie, je vais finir en prison.

MADELEINE *(sur le même ton)*.– Mais non, il faudrait être idiot pour te croire coupable…

COMMISSAIRE.– Un golf ? Mais volontiers, monsieur le juge *(il fait une courbette)*… C'est cela, monsieur le juge… Mes hommages à madame *(il fait une courbette)*… Au revoir monsieur le juge. *(Il fait une courbette et raccroche)* C'était le juge. Bien que disions-nous ?

MADELEINE.– Qu'il faudrait être idiot pour croire mon mari coupable.

COMMISSAIRE.– Tout à f… Pardon ? Me prenez-vous pour un idiot ?

PAUL *(à voix basse)*.– Madeleine, tais-toi !

COMMISSAIRE.– En tout cas, il a un mobile… *(En pointant Paul du doigt.)* Vous !

PAUL.– Attendez, stop. J'étais jaloux… pour le principe, comme ça… mais pas vraiment.

MADELEINE.– Ah oui, comme ça… pour le principe. Donc cet escroc aurait pu me tourner autour, me séduire, me manquer de respect... Tu n'aurais rien dit.

PAUL.– Mais, il ne t'a pas manqué de respect.

COMMISSAIRE.– Des gens sont morts pour moins que ça.

MADELEINE.– Vous, on ne vous demande pas votre avis.

COMMISSAIRE.– Permettez, c'est encore moi qui mène l'enquête.

PAUL.– Oui, Madeleine, tu devrais laisser faire le commissaire.

MADELEINE.– Tu n'aurais même pas levé le petit doigt pour l'honneur de ta femme. Elle a bien raison tante Zélie.

PAUL *(à voix basse)*.– Qu'est-ce qu'elle a encore raconté la vieille chouette ?

COMMISSAIRE.– Et qu'a-t-elle dit, cette tante Zélie ?

MADELEINE.– Ça ne vous regarde pas !

COMMISSAIRE.– Permettez…

MADELEINE *(à Paul)*.– Et toi, toi… tu me déçois beaucoup. *Madeleine sort.*

PAUL.– Je suis désolé, monsieur le commissaire, d'habitude elle est plus… enfin elle est moins…

COMMISSAIRE.– Tout à fait, bien… Je crois que nous en avons terminé pour l'instant. Pouvez-vous m'envoyer la tante de votre femme ?

PAUL.– Comme vous voulez. *Paul sort.*

COMMISSAIRE.– Encore heureux, comme je veux.

Scène 3. Commissaire, Victor

Victor entre en scène.

COMMISSAIRE *(le regarde, regarde ses notes)*.– Vous êtes Victor, le domestique ?

VICTOR.– Le majordome.

COMMISSAIRE.– Oui, c'est pareil.

VICTOR.– Pas du tout, permettez…

COMMISSAIRE.– Je vous permets de répondre à mes questions, ce sera bien suffisant. Connaissiez-vous ce Lucien Buchet ?

VICTOR.– Mon Dieu, non. Nous ne connaissons pas de pareilles gens.

COMMISSAIRE.– Nous ?

VICTOR.– Oui, nous. *(Sur un ton méprisant.)* Les danseurs n'avaient pas leur entrée chez monsieur le comte.

COMMISSAIRE.– Monsieur le comte ?

VICTOR.– Oui, mon ancien employeur.

COMMISSAIRE.– Tout à fait oui. Un comte *(hochement de tête respectueux)* ? Et maintenant, vous travaillez dans un hôtel ?

VICTOR.– Hélas... Après le décès de monsieur le comte, il me fallait bien trouver un emploi.

COMMISSAIRE *(regarde ses notes)*.– Et l'autre domestique, la bonne… Suzanne ?

VICTOR.– Elle est partie le lendemain de cet incident… déplorable pour la réputation de cet établissement. Ah, ce n'est pas du temps de monsieur le comte…

COMMISSAIRE.– Le lendemain... Suzanne... *(Il réfléchit, griffonne.)* Vous êtes très soucieux de la réputation de la maison où vous travaillez ?

VICTOR.– Cela me semble évident.

COMMISSAIRE.– Au point de tout faire pour préserver cette réputation.

VICTOR.– Que monsieur le commissaire soit plus précis.

COMMISSAIRE.– Eh bien, au point de vous débarrasser d'un voyou, par exemple…

VICTOR.– Ah !! *(Il s'évente avec son plumeau.)* Nous sommes insultés. Nous ne pouvons continuer à… Nous allons donner notre congé de ce pas.

COMMISSAIRE.– Pour l'instant, vous n'irez nulle part… ou plutôt, si, jusqu'à la porte d'entrée donner l'adresse de cette Suzanne à l'agent en faction. Et dites-lui qu'il aille me la chercher.

VICTOR *(sans bouger)*.– Il ne rentre pas dans nos fonctions de faire les courses d'un commissaire.

COMMISSAIRE *(haussant un peu le ton)*.– Eh bien, faites un effort mon brave et, surtout, ne vous avisez pas de filer.

VICTOR *(en sortant)*.– Ce n'est pas du temps de monsieur le comte…

COMMISSAIRE *(consultant son carnet)*.– Bien, bien.

Scène 4. Commissaire, Zélie

Zélie entre en scène. Le commissaire se lève et fait une légère courbette.

COMMISSAIRE.– Madame de Saint-Hilaire, je présume ? Mes hommages.

ZÉLIE.– Gardez vos hommages, monsieur le commissaire, et allons à l'essentiel, je vous prie. Je suis là pour répondre à vos questions, alors questionnez !

COMMISSAIRE *(un peu gêné)*.– Tout à fait, oui... Vous savez, j'ai déjà eu l'occasion, je devrais dire l'honneur, de rencontrer votre époux, chez le juge Fourgeau, il y a quelques années.

ZÉLIE.– Vraiment ? Mon époux ? Il ne m'a jamais parlé de vous... Alors, ces questions ?

COMMISSAIRE.– Tout à fait, oui *(il regarde ses notes)*. Aviez-vous déjà rencontré Lucien Buchet ?

ZÉLIE.– Je n'ai pas l'habitude de fréquenter les voyous, je ne suis pas commissaire de police.

COMMISSAIRE *(un peu vexé)*.– Ce n'est pas pour mon plaisir, croyez-moi. Mais pour pouvoir les arrêter, il faut bien les côtoyer.

ZÉLIE.– Ce n'est pas avec ce genre de questions que vous résoudrez ce regrettable accident.

COMMISSAIRE.– Ce meurtre, vous voulez dire.

ZÉLIE.– Meurtre ? Et s'il s'agissait d'un accident ? Y avez-vous seulement songé ?

COMMISSAIRE.– Je ne pense pas, voyez-vous. Il me semble que certains ici avaient intérêt à se débarrasser de Lucien Buchet. Le mari de votre nièce par exemple.

ZÉLIE.– Paul ?... Êtes-vous sûr de savoir mener une enquête ? Paul. Il n'y a pas plus incapable que lui.

COMMISSAIRE.– Pour en revenir à la victime, vous ne vous doutiez pas qu'il cachait son identité ?

ZÉLIE.– Bien sûr que si. Il était flagrant qu'il n'était pas danseur.

COMMISSAIRE.– Ah, donc, vous saviez.

ZÉLIE.– Écoutez *(comme si elle s'adressait à un idiot)*, il n'était ni Espagnol, ni Argentin, n'est-ce pas ?... *(Elle attend une réaction)*

COMMISSAIRE.– Euh non, et alors ?

ZÉLIE.– Eh bien, il ne pouvait pas être un danseur mondain.

COMMISSAIRE.– Tout à fait, oui. *(Étonné)* Et pourquoi ?

ZÉLIE.– Mais c'est évident, réfléchissez, enfin si vous pouvez !

COMMISSAIRE *(vexé)*.– Avec tout le respect que je vous dois, n'essayez pas de m'embrouiller, voulez-vous…

ZÉLIE.– Vous vous débrouillez très bien sans moi.

COMMISSAIRE.– Parlons de votre nièce…

ZÉLIE *(elle se lève d'un bond)*.– Attention, ne vous avisez pas de vous en prendre à ma nièce.

Elle a bien assez de problèmes avec cet hôtel qui lui coûte une fortune et ne rapporte rien.

COMMISSAIRE *(tout prenant des notes).*– Des problèmes d'argent. Voilà un mobile. Vous saviez que Lucien avait dévalisé une banque avant de disparaître ? Et que nous n'avons pas mis la main sur le butin ?

ZÉLIE.– Quel butin ?

COMMISSAIRE.– Eh bien, l'argent dérobé. Cela aurait pu être tentant de faire disparaître le bougre pour mettre la main sur le pactole.

ZÉLIE.– Le pactole ? Je retire ce que j'ai dit, monsieur le commissaire, vos questions ne sont pas idiotes, c'est vous qui l'êtes. Je comprends pourquoi mon mari ne m'a jamais parlé de vous… Il ne fréquentait pas les imbéciles.

COMMISSAIRE.– Madame, je ne vous permets pas… Et d'ailleurs, vous aussi avez un mobile.

ZÉLIE.– Il suffit.

COMMISSAIRE.– Nous n'en avons pas terminé…

ZÉLIE.– Moi, si. *Elle sort.*

COMMISSAIRE.– Quel caractère ! Mais nous avançons, le mari, la femme, le domestique, la tante. Ils ont tous un mobile.

Scène 5. Commissaire, père Étienne, Mathilde

Le père Étienne entre en scène.

Père ÉTIENNE.– Je ne dérange pas ? Je suis le père Étienne, et je venais voir… enfin m'assurer que tout le monde allait bien.

COMMISSAIRE.– À part le mort, oui. Je me présente, commissaire Langlois.

Père ÉTIENNE.– Ah le mort ! Vous savez ?

COMMISSAIRE.– Oui, je sais et, pourtant, il était bien caché.

Père ÉTIENNE.– Caché ? Non. Vous savez le Seigneur voit tout, sait tout. Rien ne peut lui être caché.

COMMISSAIRE.– Tout à fait, oui, le Seigneur. *(Voix basse)* Quel rapport ? *(Plus haut)* Puisque vous êtes là, vous allez répondre à quelques questions.

Père ÉTIENNE.– Moi ?

COMMISSAIRE.– Oui, pas le Seigneur.

Père ÉTIENNE.– C'est que j'ai mon sermon à préparer… *(Il s'assoit)* Ah ! je ne me sens pas bien… *Il passe la main entre son cou et son col, comme pour chercher de l'air.*

COMMISSAIRE.– Voulez-vous un verre d'eau ? *Il se lève et se dirige vers le bar.*

Père ÉTIENNE.– Vous n'auriez rien de plus fort ? Je sens que je vais me trouver mal.

COMMISSAIRE.– Il ne manquait plus que ça… *(Il fouille derrière le bar.)* Restez là, je vais voir en cuisine. *Il sort.*

Père ÉTIENNE.– Mon Dieu, mais pourquoi ai-je assisté à cette soirée ? Me voilà bien puni. *(Il se met à genou et commence à prier, puis il relève la tête.)* Il en met un temps. S'il est aussi rapide pour élucider ce meurtre… Mon Dieu, un meurtre… *Il se remet à prier.*

Mathilde entre en scène. Elle s'approche du père Étienne et lui tapote sur l'épaule.

MATHILDE.– Vous allez bien ?

Père ÉTIENNE *(en criant).*– Ah !!.. Ah, c'est vous, mademoiselle Boucicaut, vous m'avez fait peur.

MATHILDE *(en riant).*– À croire que vous avez vu un fantôme. C'est peut-être celui de notre mort.

Père ÉTIENNE.– Mademoiselle, la mort n'est pas un sujet de plaisanterie… Non, je priais pour l'âme de ce pauvre bougre.

MATHILDE.– Pauvre bougre… Un voleur, oui. Il aurait pu tous nous égorger… ou pire.

Père ÉTIENNE.– Un voleur n'est pas forcément un assassin.

MATHILDE.– Peut-être, qui sait… En tout cas, maintenant il est mort. Dommage, il avait de jolis yeux, mais il dansait très mal.

Père ÉTIENNE.– Mademoiselle Boucicaut, on ne parle pas comme ça d'un être que Dieu a rappelé à lui, même un escroc…

Le commissaire entre en scène, il tient un verre et une bouteille à la main.

MATHILDE.– Dieu, Dieu… Il a bon dos. Ce n'est pas lui qui l'a tué, dites-moi ?

Père ÉTIENNE *(bafouillant).–* Pas lui qui… Mon Dieu ! *Il se signe.*

MATHILDE.– Je blague, mon père. Si vous voulez mon avis, votre Dieu, il ne fait pas grand-chose. Enfin, c'est ce que dit ma tante Zélie. Et si c'était l'un d'entre nous ? Un crime passionnel, peut-être…

COMMISSAIRE.– Et qui, d'après vous, aurait commis ce crime ?

MATHILDE *(en sursautant).–* Ah ! Commissaire, vous m'avez fait peur.

Père ÉTIENNE *(en aparté).–* Bien fait.

COMMISSAIRE.– Vous pensez à quelqu'un en particulier ?

MATHILDE.– Non, mais d'après Maddie, Maddie Fisher, c'est une amie d'enfance de ma mère qui a épousé un riche Américain, mais il est mort…

COMMISSAIRE.– Oui je l'ai déjà rencontrée… Un Américain, ça explique son accent ridicule.

MATHILDE.– C'est vrai, mais on a beau le lui dire *(en imitant l'accent de Maddie),* elle trouve que ça fait chic… Enfin, d'après elle, vu qu'on était tous là au moment où Léon Tellier, enfin Lucien Buchet, est mort, on serait tous suspects.

Père ÉTIENNE.– Oui, enfin sauf moi, je n'avais aucune raison de tuer ce pauvre garçon.

MATHILDE.– Pourquoi ? Parce que vous êtes un curé ?

Père ÉTIENNE.– Parce que tuer est un pêché.

COMMISSAIRE.– Ce ne serait pas la première fois qu'un homme d'Église commettrait un pêché.

Père ÉTIENNE.– Mon Dieu ! *(Il se signe et se rassoit.)* Je ne me sens pas bien.

MATHILDE.– Voulez-vous un verre d'eau, mon Père ?

Le père Étienne fait non de la tête et désigne la bouteille que tient toujours le commissaire.

COMMISSAIRE *(en servant un verre d'alcool).–* Tenez mon père, un peu de vin de messe.

Père ÉTIENNE *(en s'étouffant).–* Vos plaisanteries ne sont pas drôles, commissaire. *(Il se lève et va pour parler, puis se ravise. Il finit son verre et remarque le petit sourire du commissaire.)* Je n'aime pas gâcher, c'est tout. Si vous n'avez plus besoin de moi, je dois faire quelques courses.

COMMISSAIRE.– Très bien, mais ne quittez pas la ville pour l'instant.

Le père Étienne sort.

COMMISSAIRE.– Alors, mademoiselle, où étiez-vous et que faisiez-vous durant l'après-midi qui a précédé le décès ?

MATHILDE.– Que je réfléchisse. Je me suis rendue à la droguerie pour acheter de la mort au rat, non c'était chez le médecin, pour voler du poison.

COMMISSAIRE.– Voyez-vous ça. Alors, d'après vous, il aurait été empoisonné ?

MATHILDE.– S'il s'agit bien d'un meurtre, et comme personne n'a tiré dessus, eh bien, oui, il a été empoisonné. Enfin, c'est vous le commissaire, pas moi.

Scène 6. Commissaire, Mathilde, puis Maddie

Maddie entre en scène, portant une boîte à chapeaux.

MADDIE.– Je viens de croiser le père Étienne, on a l'impression qu'il a vu le diable. *(Elle rit et embrasse Mathilde.)* Eh bien, ma chérie, qui a été empoisonné ?

COMMISSAIRE.– Mademoiselle Boucicaut a une théorie intéressante. Lucien Buchet aurait été empoisonné et vous êtes tous suspects. C'est bien ça, mademoiselle ?

MADDIE.– Tu as dit ça, Mathilde ?

MATHILDE *(un peu gênée).–* Oui, enfin, non.

COMMISSAIRE.– Pourtant vous aviez l'air sûr. Vous m'avez même dit avoir volé du poison.

MADDIE.– Voyons, commissaire, ce n'est pas sérieux. Vous ne pensez pas que...

COMMISSAIRE.– Oh moi, je ne pense rien, j'observe, j'écoute et, seulement après, je conclus.

MADDIE.– Tâchez de conclure correctement, alors. Comme toutes les adolescentes, Mathilde a beaucoup d'imagination. *(À Mathilde)* Tiens ma chérie, va porter ce chapeau à ta mère.

Mathilde prend le carton et sort.

COMMISSAIRE.– Et vous, madame, pensez-vous qu'il s'agisse d'un meurtre ?

MADDIE.– Ce que je pense ? Que vous avez fort à faire, mais après tout vous êtes payé pour ça. *Isn't it ?*

COMMISSAIRE.– Inutile de prendre cet accent avec moi madame Maddie Fisher *(il prend son carnet),* née Marcelle Chaudron.

MADDIE *(applaudissant).–* Bravo ! Quel détective vous faites ! Vous avez découvert mon nom de jeune fille.

COMMISSAIRE.– Alors madame Fisher, que faisiez-vous et où étiez-vous l'après-midi qui a précédé le drame ? Et ne me dites pas que vous êtes allée voler du poison vous aussi.

MADDIE.– Pardon ? Bien sûr que non ! Voyons, j'ai écrit une lettre.

COMMISSAIRE.– Tout à fait oui, à qui ?

MADDIE.– À une amie qui habite à New York… c'est une ville en Amérique.

COMMISSAIRE.– Je vous remercie de préciser.

MADDIE.– Puis je suis allée faire une marche, j'adore marcher. C'est excellent pour la santé. Vous marchez commissaire ? Moi je marche au moins une heure par jour. Je suis rentrée. Là, j'ai croisé cet idiot de danseur…

COMMISSAIRE.– Idiot ? Tiens donc, pourquoi ?

MADDIE.– Parce qu'il pensait nous duper, mais il n'était pas ce qu'il prétendait être. Vous me suivez.

COMMISSAIRE.– Je vous précède même et avec beaucoup d'intérêt.

MADDIE.– Je vous vois venir, commissaire.

COMMISSAIRE.– Mais je ne vais nulle part, sauf si vous m'indiquez le chemin.

MADDIE.– Quel chemin ?

COMMISSAIRE.– Celui qui mène au ou à la meurtrière.

MADDIE.– Alors vous faites fausse route en pensant que j'ai quelque chose à voir avec ce meurtre. Je n'avais aucun intérêt à me débarrasser de cet homme.

COMMISSAIRE.– Vous, peut-être pas, encore que… Une veuve riche, encore jeune…

MADDIE.– Trop aimable.

COMMISSAIRE.– Il vous charme, vous vous laissez séduire, mais vous découvrez qu'il n'en veut qu'à votre argent et… vous le tuez.

MADDIE.– Vous divaguez commissaire et, à ce rythme, vous n'êtes pas près de résoudre cette affaire. *(Sur le point de sortir, elle s'arrête.)* Et sachez qu'on ne me mène pas en bateau, moi. *Elle sort.*

COMMISSAIRE.– Rajoutons madame Fisher née Chaudron sur notre liste. Voyons qui je n'ai pas encore interrogé. Ah ! Armand Naudin. *(Songeur.)* Naudin… Naudin…

Victor entre en scène.

COMMISSAIRE.– Ah ! Mon brave.

VICTOR.– C'est à nous que monsieur le commissaire s'adresse ?

COMMISSAIRE.– Vous voyez quelqu'un d'autre ? Allez me chercher monsieur Naudin.

VICTOR.– Monsieur Naudin ?

COMMISSAIRE.– Oui, il est bien client ici ?

VICTOR.– Monsieur Armand, vous voulez dire. Il est dans sa chambre, nous semble-t-il.

COMMISSAIRE.– Eh, bien allez me le chercher.

VICTOR *(sort)*.– Ah, ce n'est pas du temps…

Scène 7. Commissaire, puis Armand Naudin

Le commissaire décroche le téléphone, compose un numéro.

COMMISSAIRE.– Mademoiselle, passez-moi le 22 à la Police judiciaire... Merci... Allô, Langlois ? Tu as mis la main sur Suzanne Clapier... Pas encore... Qu'est-ce que tu attends ? Et la fiancée du cadavre, elle est... Partie ! Félicitations !... Quoi merci ? *(Il met la main sur le combiné.)* Quel idiot ! *(Il continue.)* Eh bien, débrouille-toi, mais je la veux à l'hôtel demain matin à 10 h... Qui ? La bonne ! *(Il marque une pause.)* Au fait Langlois, Armand Naudin, ça te dit quelque chose ?... Non ? En même temps, je ne suis pas étonné. C'est ça, cherche. *(Il raccroche)* Et ce Naudin, où est-il ? *Il sort.*

Monsieur Armand entre en scène quelques secondes plus tard.

M. ARMAND.– Vous vouliez me parler ? commissaire ? *(Il va jusqu'à la porte d'entrée, regarde dehors.)* Où est-il allé fourrer son nez encore ? J'avais bien besoin de ça... Un meurtre. En même temps, j'en ai connu des loustics du genre de ce Lucien... Qui se donnaient des airs et des noms pour épater la galerie. Et ils finissaient tous de la même manière... Refroidi ! Au frigo ! Ce n'est pas de veine... Je décide de me mettre au vert, je fais table rase du passé, j'enterre deux ou trois vieux dossiers... *(Au public)* Non, je vous vois venir... Des vrais dossiers en papier... Et voilà que je me retrouve avec un macchabée sur les bras, enfin façon de parler. Mais une chose est sûre, le Lucien Belle-Gueule, ce n'est pas moi qui lui ai fait avaler son acte de naissance, même avec du champagne. Reste à convaincre le commissaire et surtout espérer qu'il n'ait jamais enquêté sur Armand l'Élégant. *(Au public.)* Eh oui, moi aussi, j'avais un nom de scène. *Il sort.*

Le commissaire entre en scène côté cour quelques secondes plus tard, suivi de Victor.

COMMISSAIRE.– Eh bien, où est-il ?

VICTOR.– Nous le pensions dans sa chambre, mais il semblerait que nous nous trompions.

COMMISSAIRE *(exaspéré).*– Il semble qu'on cherche à me tromper depuis le début. Mais, ils ne savent pas à qui ils ont affaire ! Vous allez me convoquer tout le monde demain matin à 10 h, ici.

VICTOR.– Ici ? Dans le salon ? À 10 h ?

COMMISSAIRE.– Oui, ici, dans le salon à 10 h…

VICTOR.– Puis-je me permettre de demander à monsieur le commissaire pourquoi ?

COMMISSAIRE.– À 10 h précise. Tout le monde, vous y compris.

VICTOR *(surpris).*– Nous ? Comme monsieur le commissaire voudra. *Il sort.*

COMMISSAIRE *(en se frottant les mains).*– Bien, bien. *(Il sort son calepin et griffonne, lève la tête et s'adresse au public)*. J'attends encore une identification, et si c'est comme que je pense… Ce sera encore une affaire rondement menée. Décidément, je m'épate, j'aurais presque envie de me féliciter. *Il sort.*

Noir, rideau

Scène 8. Tous (avec Suzanne, sans Solange)

Le rideau se lève, tout le monde est sur scène.

COMMISSAIRE.– Bien, tout le monde est là… *(Il va vers la sortie et s'adresse à quelqu'un dehors)* Brigadier, faites en sorte que personne n'entre... *(On entend « bien chef ! » en coulisse)* Bien… Je peux commencer ?

M. ARMAND.– Allez-y commissaire, nous avons hâte d'entendre vos déductions.

COMMISSAIRE.– Ce sont plutôt des conclusions, monsieur Naudin.

M. ARMAND.– Vous jouez sur les mots.

COMMISSAIRE.– Comme d'autres jouaient aux gangsters…

M. ARMAND *(gêné)*.– C'est-à-dire…

COMMISSAIRE *(il marque une pause et regarde tout le monde, tranquillement)*.– Reprenons depuis le début. J'ai été alerté par une certaine Solange Verdier de la disparition de son fiancé.

MADELEINE.– Commissaire, peut-être pouvons-nous aller à l'essentiel.

PAUL.– Oui, après tout, nous étions tous là.

COMMISSAIRE.– Oui, et tous d'accord pour cacher le cadavre dans la chambre froide. Mais passons. Avec ce genre d'individu, nous avons souvent affaire à des crimes crapuleux.

Père ÉTIENNE.– Mon Dieu !

MATHILDE.– Comme c'est excitant !

ZÉLIE.– Mathilde !

MADDIE.– Souvent ? Pas cette fois-ci ? C'est ce que vous sous-entendez ?

COMMISSAIRE.– Tout à fait oui. Vous avez caché un cadavre, certes, mais je ne crois pas que vous ayez l'habitude de fréquenter des gangsters *(à M. Armand)* enfin, pas tous ! Très vite, j'ai pensé à un crime passionnel. Tout s'y prêtait ici… De jolies femmes, des hommes jaloux ou au passé agité, une tante richissime, un valet à cheval sur les principes… Bref, tous les ingrédients pour un beau meurtre si on y ajoute un voleur peu scrupuleux et, bien sûr, l'argent.

PAUL *(mal à l'aise)*.– Quel argent ?

COMMISSAIRE.– Eh bien, celui que Lucien Belle-Gueule a volé à la banque et qui a disparu.

MADELEINE.– Disparu ?

COMMISSAIRE.– Oui envolé, volatilisé, pfuit !!!

VICTOR.– Peut-être ce « monsieur » ne l'avait-il pas avec lui ?

MADDIE.– Oui, puisque personne ne l'a trouvé.

COMMISSAIRE.– En êtes-vous bien sûre ? Mais, nous y reviendrons. Dans le cas d'un crime passionnel, toutes les combinaisons sont possibles. Ce peut être un mari bafoué ou bien un père soucieux de la réputation de sa fille.

Père ÉTIENNE *(choqué)*.– Commissaire, monsieur Boucicaut est un honnête homme.

PAUL.– Merci mon père.

ZÉLIE.– Paul ? Quelle idée !

PAUL.– Merci, ma tan…

ZÉLIE.– C'est un idiot !

PAUL.– Trop aimable.

COMMISSAIRE.– Mais vous n'avez pas le profil et pas de motifs réels.

MADELEINE.– Je ne lui en aurais pas donné, monsieur le commissaire.

COMMISSAIRE.– J'en suis certain *(à l'attention de Mathilde)*, pas plus que mademoiselle qui ne me semble pas stupide au point de s'amouracher du premier danseur venu.

MATHILDE.– Ce n'est pas faux… Je préfère les policiers.

M. ARMAND.– Allons, jeune fille, ne jouez pas avec le commissaire.

COMMISSAIRE *(à voix basse)*.– Sage conseil, monsieur Naudin… Il faut savoir s'arrêter à temps, n'est-ce pas ?

M. ARMAND *(sur le même ton)*.– C'est bien pourquoi je ne suis pour rien dans ce fâcheux accident.

COMMISSAIRE *(toujours à voix basse)*.– Et je vous crois suffisamment intelligent pour ne pas replonger à cause d'une vulgaire fripouille.

MADDIE.– Pourquoi ces messes basses ?

Père ÉTIENNE.– Mon Dieu ! C'est déjà l'heure de la messe ?

MADDIE.– Mais non, c'est une expression.

Père ÉTIENNE.– Tant mieux, le Seigneur ne le pardonnerait pas !

COMMISSAIRE.– Vous permettez, mon Père ?

Père ÉTIENNE.– Désolé, poursuivez, je vous en prie.

COMMISSAIRE.– Trop aimable. Donc, je disais, tout le monde avait un mobile pour tuer Lucien. *(Il lève la main pour imposer le silence.)* Vous, madame de Saint-Hilaire, pour protéger vos nièces, monsieur Boucicaut, par jalousie, Misses Fisher, vexée qu'on ne s'intéresse qu'à son argent, Monsieur Naudin, rattrapé par son passé, le domestique, soucieux de sa réputation, monsieur le curé...

MADELEINE.– Et moi ? Pourquoi l'aurais-je tué d'après vous ?

COMMISSAIRE.– Pour l'argent ?

PAUL.– Et les preuves ?

Père ÉTIENNE.– Oui, il faut des preuves pour accuser un honnête homme.

MATHILDE.– Je m'ennuie... Je peux mettre un peu de musique ?

M. ARMAND.– Je pense qu'il n'y en a plus pour longtemps...

COMMISSAIRE.– Et puis Suzanne, la bonne, qui décide de s'enfuir le lendemain et qui, aujourd'hui, nous fait grâce de sa présence.

SUZANNE.– Je ne m'étais pas enfuie, je trouvais juste pas correct de travailler où y'a eu un meurtre.

VICTOR.– Parce que vous trouvez correct de déserter votre poste, alors que monsieur et madame avaient besoin de vos services ?

COMMISSAIRE.– Enfin, il y a la jeune Solange, sûre de trouver son fiancé ici, fiancé qu'elle vous accuse d'avoir tué, fiancé qu'elle découvre dans la chambre froide alors qu'elle allait aux toilettes... Étrange, ne trouvez-vous pas ?

MADDIE.– Comme si elle savait où le chercher...

VICTOR.– Elle nous semblait bien bizarre. Je l'avais dit à madame.

ZÉLIE.– Seulement, ce n'est pas elle qui a commis le meurtre.

Père ÉTIENNE.– Nous l'aurions vu.

MADDIE.– Elle n'était pas parmi nous.

COMMISSAIRE.– Que vous croyez.

M. ARMAND.– Expliquez-vous commissaire.

COMMISSAIRE.– Imaginons que cette Solange ait vraiment eu rendez-vous avec Lucien, qu'ils avaient convenu de se retrouver ici, après le vol.

MATHILDE.– Alors ça ! Vous êtes sûr ?

COMMISSAIRE.– Tout à fait oui. Je pense même qu'elle connaissait bien les lieux.

MADELEINE.– Impossible, c'est la première fois que nous la rencontrions.

COMMISSAIRE.– En tant que Solange, oui. N'est-ce pas Suzanne ?

SUZANNE.– Mais j'la connais pas moi, cette Solange.

COMMISSAIRE.– Vraiment ? Niez-vous aussi connaître Lucien Buchet ?

SUZANNE.– Oui, enfin, non, j'croyais qu'y s'appelait Léon Tellier.

M. ARMAND.– Attendez, insinueriez-vous que Suzanne et Solange…

COMMISSAIRE.– Sont une seule et même personne. Je ne l'insinue pas, je l'affirme.

SUZANNE.– C'est faux !

MATHILDE.– Alors ça, c'est énorme !

PAUL.– Incroyable !

COMMISSAIRE.– Ces deux-là avaient tout prévu. Il braquait la banque, elle le cachait ici, à l'hôtel, et, plus tard, ils se seraient évanouis dans la nature.

SUZANNE.– Vous dites n'importe quoi !

Père ÉTIENNE.– Mon Dieu ! Quelle histoire !

ZÉLIE.– Donc ils se connaissaient.

VICTOR.– Nous avions bien raison de nous méfier de cette intrigante.

COMMISSAIRE.– Et puis les choses ne se sont pas passées comme prévu, n'est-ce pas Suzanne ? *(Suzanne fait non de la tête.)* Il avait décidé de partir avec l'argent, mais sans vous.

TOUS *(tandis que Suzanne se lève, retire sa perruque et ses lunettes).*– Ça alors !

SUZANNE.– Les belles dames lui ont tourné la tête à mon Lucien, surtout l'Américaine.

MADDIE.– Moi ? Avec ce garçon ? C'est stupide.

SUZANNE *(le ton de sa voix change, il devient menaçant).*– Oh oui, il a été bien stupide de vouloir me trahir. Je n'étais plus assez bien pour lui.

M. ARMAND.– Alors, vous vous êtes débarrassée de lui.

MATHILDE.– Je n'y aurai jamais pensé… Suzanne.

SUZANNE.– Mais on ne pense jamais à la bonne, elle est transparente la bonne. Du coup, ça a été facile de piquer le laudanum à la vieille et d'empoisonner Lucien.

ZÉLIE.– Mon laudanum, quel culot !

MADELEINE.– Suzanne, surveillez votre langage quand vous parlez de madame de Saint-Hilaire.

SUZANNE *(sortant un pistolet de son sac à main)*.– Je n'ai pas d'ordre à recevoir, compris ? Maintenant, c'est moi qui commande. Alors, personne ne bouge !

Père ÉTIENNE.– Mon enfant, le Seigneur vous regarde, pensez-y.

MADDIE.– Cela va, sans aucun doute, nous être d'une grande utilité.

ZÉLIE *(à Madeleine)*.– Je t'avais bien dit que je n'aimais guère ses manières.

PAUL.– Soyez raisonnable Suzanne, vous ne vous en sortirez pas. Il y a un policier…

SUZANNE *(le menaçant tout en reculant vers la sortie)*.– Bougez pas, j'ai dit. Et le fric, hein, il est où ?

VICTOR.– Quelle vulgarité, ce n'est pas du temps de monsieur le comte...

SUZANNE.– Tais-toi ! *(Elle agite le pistolet sous son nez.)* Avec ta manie de mettre ton nez partout, je suis sûre que tu sais où il est.

VICTOR.– Non, non, je vous assure... *Il s'assoit et s'évanouit presque.*

ZÉLIE.– Victor ! Un peu de tenue, je vous prie.

COMMISSAIRE *(en faisant un pas vers elle).*– Soyez raisonnable, Suzanne

SUZANNE *(en reculant).*– Bougez pas ou je tire.

Tandis qu'elle recule, elle bute contre le sac à ouvrage de tante Zélie. Elle est déséquilibrée. Le commissaire en profite pour lui retirer son arme.

COMMISSAIRE.– Suffit de jouer, maintenant, ma petite. *(Suzanne essaie de se dégager. Il l'entraîne jusqu'à la sortie et s'adresse vers l'extérieur.)* Brigadier, passez-lui les menottes et attendez-moi. *Il la pousse dehors.*

MADELEINE.– Quelle histoire !

PAUL.– Tu vois où nous a menés ton idée stupide d'engager un danseur.

MADDIE.– Un vrai crime élucidé en direct ! Ça valait le coup de traverser l'Atlantique.

M. ARMAND.– Il semble que vous aimiez vivre dangereusement, misses Fisher.

MADDIE *(en minaudant).*– Appelez-moi Maddie.

M. ARMAND *(lui baisant la main).–* Avec plaisir. Et appelez-moi Armand.

COMMISSAIRE.– Heureusement que j'avais la situation bien en main. Je reviendrais plus tard, monsieur Boucicaut, pour cette question d'argent disparu. *Il sort.*

PAUL *(en aparté, à Madeleine).–* Il faut absolument qu'on s'en débarrasse.

MADELEINE *(sur le même ton).–* Pas question !

Père ÉTIENNE *(désignant Victor évanoui).–* Je crois que votre majordome a besoin d'un remontant… comme nous tous d'ailleurs.

MATHILDE.– Et si, pour se détendre, on mettait un peu de musique ? *(Elle allume la radio, on entend un air de Charleston.)*

PAUL.– Oui, mais pas de danseur cette fois-ci !

ZÉLIE.– Surtout un danseur qui n'était…

TOUS.– Ni espagnol, ni argentin.

Noir, rideau

FIN

Du même auteur

L'Inspecteur Qui, *création 2015*
Le Discours, *création 2016*
Meurtre à l'hôtel Bellegarde, *création 2018*
6000 signes, *création 2018*
La Grand-Place, *création 2019*
Votre mort est notre affaire, *création 2019*
Pièces détaillées, *création 2020*
La mort est au bout du rail, *création 2021*

Jeunesse
Il était une fois… ou pas, *création 2017*
La Vengeance d'Argadel le sorcier, *création 2022*

www.elisa-autrice.com

© 2021, Elisa G. Bligny
www.elisa-autrice.com
Édition : BoD – Books on Demand,
12/14 rond-point des Champs-Élysées, 75008 Paris
Impression : BoD – Books on Demand,
Norderstedt, Allemagne

ISBN 978-2-3223815-4-8

Dépôt légal : novembre 2021